俄罗斯汉学的太阳

——尼·雅·比丘林

李伟丽　著

商务印书馆
The Commercial Press

创于1897

2015年·北京

图书在版编目(CIP)数据

俄罗斯汉学的太阳:尼·雅·比丘林 / 李伟丽著. — 北京:商务印书馆,2015
（丝瓷之路博览）
ISBN 978－7－100－11513－1

Ⅰ. ①俄… Ⅱ. ①李… Ⅲ. ①比丘林（1777～1853）—传记 Ⅳ.①K835.125.81

中国版本图书馆CIP数据核字(2015)第191098号

俄罗斯汉学的太阳
——尼·雅·比丘林

李伟丽　著

商 务 印 书 馆 出 版
（北京王府井大街36号邮政编码 100710）
商 务 印 书 馆 发 行
三 河 市 潮 河 印 业 有 限 公 司 印 刷
ISBN 978－7－100－11513－1

2015年9月第1版　　　开本 880×1230　1/32
2015年9月北京第1次印刷　印张 6 1/2
定价：42.00元

主　　办：中国社会科学院历史研究所中外关系史研究室

顾　　问：陈高华

特邀主编：钱　江

主　　编：余太山　李锦绣

主编助理：李艳玲

编者的话

《丝瓷之路博览》是一套普及丛书，试图以引人入胜的方式向广大读者介绍稳定可靠的古代中外关系史知识。

由于涉及形形色色的文化背景，故古代中外关系史可说是一个非常艰深的研究领域，成果不易为一般读者掌握和利用。但这又是一个饶有趣味的领域，从浩瀚的大海直至无垠的沙漠，一代又一代上演着一出又一出的活剧。既有友好交往，又有诡诈博弈，时而风光旖旎，时而腥风血雨。数不清的人、事、物兴衰嬗递，前赴后继，可歌可泣，发人深省。毫无疑问，这些故事可以极大地丰富人们的精神生活。

本丛书是秉承《丝瓷之路》学刊理念而作。学刊将古代中外关系史领域划分为三大块：内陆欧亚史、地中海和中国关系史、环太平洋史。欧亚大陆东端是太平洋，西端是地中海。地中海和中国之间既可以通过海上丝绸之路，也可以通过草原之路往来。出于叙事的方便，本丛书没有分成相应的三个系列，但种种传奇仍以此为主线铺陈故事，追古述今。我们殷切希望广大读者和作者一起努力，让古代中外关系史的知识走进千家万户！

2012年秋

引　子

尼基塔·雅科夫列维奇·比丘林，1808 年 1 月作为第九届俄罗斯驻华东正教团团长抵达中国，在北京居住 13 年半。在京期间，他努力学习中国语言，搜集整理中国文化典籍并加以翻译，后撰写了近百种有关中国古代历史、社会、边疆史地的文章和著作。

比丘林的作品是基于中国史料的严谨表述，让俄国读者了解了中国人和中国社会，改变了俄国人通过欧洲传教士作品认识中国的局面。从更深层的意义上讲，他的作品奠定了俄罗斯汉学从萌芽走向进一步发展的坚实基础，把整个汉学研究从 19 世纪之前对中国典籍的简单翻译推向更高层次的综合研究，开辟了俄罗斯汉学研究的新时代。在比丘林的家乡——楚瓦什大地上，到处都他有的塑像。2001 年之后，楚瓦什首府切博克萨雷修建了比丘林与现代博物馆，切博克萨雷每五年都会举办一次纪念他的国际学术研讨会。近年来，俄罗斯各地陆续再版他的作品。

比丘林是"俄罗斯第一位大汉学家"，永远的"俄罗斯汉学的奠基人"，是一个身着教服但情系中国的楚瓦什人。

2014 年秋

喀山主易圣容修道院（比丘林受洗的教堂）

目　录

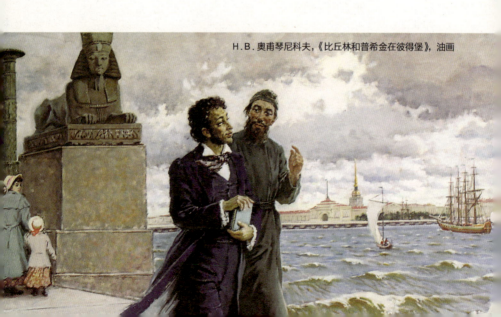

Н.В.奥甫琴尼科夫，《比丘林和普希金在彼得堡》，油画

第一章

尼基塔·雅科夫列维奇·比丘林：一个杰出的俄罗斯楚瓦什人，一个被称为"叛逆修道士"的卓越汉学家。他身披教服，手抚圣经，本是一出世之人，却入世太深，人生道路越来越背离他本该信仰的上帝，独自走向教俗之间的学术道路。道路虽崎岖，但他矢志不渝，坚定不移地走下去，他收获了自己丰富的人生，亦为俄国的汉学研究树立了一座丰碑。他是俄罗斯汉学的旗帜，一轮不落的太阳。

伏尔加河畔走出的楚瓦什天才

第一节　伏尔加河畔的青春

从很久很久以前，公元前若干世纪的光阴里，广阔的欧亚腹地便游牧着不同部族不同语言的人类群体。千百年来，他们上演着或浪漫或悲怆的历史画面。因争战，因天灾，因人祸，因各种你我不明的原因，他们在东起东北亚、西至多瑙河的欧亚大陆上流动、穿梭。有的固守在祖先的土地上，有的逐水草而迁徙。俄罗斯楚瓦什民族的祖先，便是在亘古的年代从遥远的中国北方来到美丽的伏尔加河沿岸的种族群体。时至今日，他们仍然保留着自己的语言，一种古老的突厥语；也沿袭着自己的民族传统，丰富着人类的精神文化。

楚瓦什人的祖先自中国北方来到伏尔加河畔之后，经历了十几个世纪多灾多难的民族历史。1551年，楚瓦什民族并入莫斯科公国，自此一直到18世纪，楚瓦什人便一直安静地生活在富饶的伏尔加河中游。

比丘林纪念碑，吉普涅拉村村头（B.C.格里高利耶夫供图）

　　1777 年 9 月 9 日，在喀山省切博克萨雷县一个叫作阿库列瓦村（现名吉普涅拉村）的小村庄，雅科夫·丹尼洛夫家里诞生了他们的第一个孩子尼基塔。两年后，父亲亚科夫·丹尼洛夫任职神父，全家迁到一个叫作斯维亚什斯基的村子。两年后，这个名叫斯维亚什斯基的小村庄更名了，新名叫作比丘林村。

　　这是一个清贫的楚瓦什族家庭，祖父丹尼尔·谢苗诺夫曾在阿库列瓦村第一所东正教堂里任职，是职务最低的诵经士，后来升为司祭。父亲雅科夫·丹尼洛夫在同一所教堂中

3

做事,是一名辅祭。尼基塔出生之后的几年里,这个家庭又相继出生了两个女孩和两个男孩,其中一个男孩很快就夭折了。美丽的伏尔加河畔,尼基塔愉快的童年便是和这两个妹妹、一个弟弟一起度过的。

然而,不管尼基塔出生之前的俄国,还是他出生之后的俄国,都仍是一个以农奴制和东正教为支柱的封建专制国家。一个年少的孩子,当然不会对国家制度有任何概念,而国家制度显然也不会影响到他的童年乐趣,但是他所受的教育甚至一生的命运,都会与此息息相关。尼基塔也不例外。不仅

如今的比丘林村(П.В.杰尼索夫:《亚金夫·比丘林神父》,楚瓦什图书出版社2007年版)

他从小所受的是教会教育，而且他一生的命运都始终和东正教会紧密地联系在一起。

18世纪初叶，彼得一世进行东正教制度改革，东正教会成为直接由沙皇支配的国家行政部门。18世纪中叶，俄国开始了强制性的基督教化运动。由于神职人员的收入极低，可控的土地有限，因此在基督教化的实际行动中广大的异教徒成为教会敲诈勒索的对象。农民们要承担用于修建教堂房舍的开支，还要承担教会牧师和修道院仆役们的用度。神职人员更是经常以收取各种宗教仪式费的形式向教民勒索大量钱财。因此，每一个新教区的成立、每一所修道院的开设都意味着久居的农民被迫背井离乡。在尼基塔的家乡，教会同样专横、野蛮、残暴。1777年6月，贪婪的教徒之间爆发冲突，最终该村教士普罗科皮·斯捷潘诺夫被打致死。1794年8月，一名神父对尼基塔的母亲一顿暴打，还用"打死"来威胁她。

政府不仅在全国各地建造了大大小小的教堂，还设立了大大小小的宗教学校。1782年，大主教安东尼·扎别林来到喀山后，为了管理包括1200多个小教区的庞大主教管辖区，一年之内发布了如《告神职人员出示子女编入宗教学校的证明及对不予协助者之处罚》的七项严厉命令，这些命令使得宗教寄宿学校的学生人数大增。随之而来的还有针对神职人员更加严厉的命令《把子女奉献给宗教学校》。众多的"非俄罗斯族"人被强制受洗，众多的"非俄罗斯族"孩子也被强制送进宗教学校。

于是，年少的尼基塔，在未满8岁的1785年5月，也进入了喀山宗教学校。

在那个时代里，在教堂做事的人都没有自己的姓氏，只有名字和父称，尼基塔的祖父和父亲都是这样，他当然也没有自己的姓氏。孩子们通常是在注册学籍的时候，才会以自己的居住地或附近教堂的名称来为自己取姓。因此，尼基塔在这里获得了自己的姓氏，那就是他所居住的村庄的名字"比丘林"。

比丘林的父亲雅科夫·丹尼洛夫，本以种地为生，靠微薄的收入供养着负担沉重的家庭，但是由于政府命令免除教会人员"不符合身份的农耕劳作"，因此，从他成为神职人员的那一天起，便停止了全家人赖以生存的耕作活动。他失去了耕种自己土地的自由，但是他还必须耕种从村社划归教士的土地，并向教会缴纳钱粮：这是他作为神职人员的职责。于是，他的农田渐渐废弃了，农田里的小木屋渐渐破旧了，畜棚空置了，果园荒芜了，雅科夫·丹尼洛夫处于"酗酒渎职状态"了。

然而维持一家生计的花费却逐年递增：比丘林需要在喀山宗教学校的生活费，两个女儿已经长大成人需要置办嫁妆，还有年迈的父亲需要供养。雅科夫·丹尼洛夫在这样非常困顿的生活中，常常在不得已的时候向邻居或亲戚借钱。比丘林永远都不会忘记，在他 17 岁的时候，1794 年的暑假，因为需要一件长袍，父母不得不向别人借了五个卢布来购买布料。也是在这一年的夏天，雅科夫·丹尼洛夫在自家花园睡觉时，竟然被几个不明身份的人砍掉了左手的四个手指。尤为不幸的是，1796—1797 年，比丘林的母亲和祖父相继离世，给了父亲更加沉重的精神打击。于是亚科夫·丹尼洛夫病倒了，家庭也更加艰难了。他不得不在 1801 年正式出家，成为切博克萨雷圣三一修道院的黑衣教士。

在东正教会里，神职人员分为黑衣教士和白衣教士两种，黑衣教士是在修道院做修道士的教士，不可结婚，但可以晋升高级职务，可以在教会学校任教或任职；白衣教士不必过修道士生活，可以结婚，但不能晋升高级职务，更不能在教会学校任教和任职。亚科夫·丹尼洛夫和比丘林都属于黑衣教士。

家庭的不富裕往往帮助孩子早熟，会给孩子一种向上的力量。比丘林也是这样。他在学校里总是克制自己，不管是

喀山神学院，仍矗立在喀山市街头（李伟丽摄）

吃饭还是喝茶。他吃得很少，喝茶也从不加糖。尽管他活泼的天性未曾受到任何影响，但是非常自律。这种清苦的生活习惯，他保持了一生。

　在 18 世纪后半期，喀山宗教学校在神学及其他普通课程的教学上均领先于其他省立学校。喀山宗教学校除了神学，还引入了很多世俗课程，如历史、地理、数学，新设了一些外语课程，如德语、法语等。另外，学校也很注重师资力量的配备，从莫斯科大学、莫斯科神学院、亚历山大·涅夫斯基宗教学校的学生中吸收有才干的年轻教师，建设新的教学场所，扩大图书馆藏书量等。喀山宗教学校这一时期在教学方面取得了令人瞩目的成绩，培养出了一大批学者型教育家，为世俗教育和国家科学发展做出了很大贡献。正是在这里，比丘林开始学习拉丁语、希腊语和法语，此外，还广泛学习算术、诗歌、修辞、哲学、神学等课程，打下了日后从事学术研究的坚实基础。同时代的人评价说，他是一个机灵又勤奋的少年，才华横溢，记忆超群，而且理解能力极强，在考试中总是名列前茅。从神学院（喀山宗教学校1798年易名为喀山神学院）毕业时，比丘林已精通希腊语、拉丁语、法语和德语。

1799年，22岁的比丘林从喀山神学院毕业，作为一名出类拔萃的优秀毕业生，他被留在了母校，任文献学和修辞学教师，一年后任语法教师。因为成绩优秀，比丘林被推荐给喀山教区大主教阿姆夫罗西·波多别多夫。

1800年5月29日，比丘林向当时的大主教谢拉皮翁递交了请求剃度为修道士的申请。谢拉皮翁在给正教院的报告中指出，喀山神学院语法教师比丘林品行端正，能够继续执教和传布上帝真道，可以受洗。1800年7月18日，比丘林在喀山主易圣容修道院受洗入教，教名为"亚金夫"，编入"圣彼得堡亚历山大·涅夫斯基修道院大教堂司祭之列"，同年7月

喀山主易圣容修道院，一直默立在伏尔加河畔，喀山市一角（李伟丽摄）

22 日，成为修士辅祭；1801 年 8 月 25 日，升为司祭，11 月7 日被委派管理喀山约翰修道院。

　　从不满 8 岁入学直到 22 岁毕业留校任教，再到 1800 年正式皈依东正教，比丘林在喀山神学院前后度过了 15 年的青春岁月。正是在这所培养他的宗教学校里，比丘林与既同窗又同时留校任教的好朋友亚历山大·卡尔松斯基共同度过了年轻时代令人难以忘怀的时光。

　　亚历山大·卡尔松斯基的外孙女莫列尔女士，于 1888 年发表了《亚金夫·比丘林侄孙女的遥远回忆》，记录了她记忆中的比丘林爷爷，以及她母亲讲述的比丘林的爱情故事。

比丘林和卡尔松斯基既是好朋友，还是姨母表兄弟，他们朝夕相处，情同手足。不巧的是，两个年轻人竟然同时爱上了一个名叫塔季扬娜·萨布卢科娃的姑娘。面对两份美好的感情，姑娘无从选择，这使三人都陷入了迷茫和痛苦。为了不引起争吵，保持永恒的友谊，大家最终商定，让塔季扬娜做出选择，被选中的一位与她结婚，落选的一位则远离尘世，做一名修士。比丘林便是不幸落选的那位。于是他信守约定，接受东正教洗礼，成为一名修道士。那一年，他 23岁。1822 年比丘林从北京回到圣彼得堡后，直到去世，都与亚历山大和塔季扬娜一家保持着深厚的友谊和亲情。

尽管莫列尔女士在回忆录中声明说，她不能肯定故事的真实性，但是研究者大都会将这段凄美的爱情故事作为比丘林受洗入教的一个重要因素。爱情的无果而终也许是比丘林选择做一名黑衣教士的重要理由，但当时整个社会背景则是他选择教会生活的必然因素。

楚瓦什人和伏尔加河中游其他非俄罗斯族民众一样，都经历了暴力基督教化的摧残。1740 年，为了给伏尔加河流域"非俄罗斯族人"受洗，东正教会专门成立了新受洗管理司。依靠军队的支持，1740—1762 年间就有 20 多万楚瓦什传统多神教教徒接受洗礼。当时伏尔加河流域的社会状况对比丘林入教的影响是很自然的，也是显而易见的。在喀山神学院，他也受到大环境的影响，人们认为，做修道士比在世俗世界有更多的升迁机会。也许在每一个年轻人的心里都燃烧着一种青春的追求和向往，这个年轻人也不例外。

第二节 远方的机遇与波折

　　1801 年 3 月，阿姆夫罗西·波多别多夫被授予诺夫哥罗德和圣彼得堡都主教的教职，同时成为俄罗斯东正教会最高机关的显赫人物——正教院主席。这位曾经很赏识比丘林的大人物，将要给这位年轻人一个难得的机遇。

　　远在西伯利亚地区的伊尔库茨克，是一个在 18 世纪下半期因俄罗斯与蒙古和中国过境贸易而发展起来的商业重镇。该地的耶稣升天修道院院长和宗教学校校长的职位空缺，需要有人来补充。比丘林有幸被推荐为候选人。正教院在讨论这个问题时，都主教阿姆夫罗西·波多别多夫声明："喀山神学院才华横溢的语法教师、修士司祭比丘林前往伊尔库茨克升天修道院就职是当之无愧的，他能够将当地的宗教学校治理得井然有序。" 1802 年 5 月 16 日，比丘林被任命为伊尔库茨克耶稣升天修道院修士大司祭和宗教学校校长的职务。同年 6 月，比丘林告别家乡，远赴伊尔库茨克。

1802 年 8 月 4 日，比丘林到达伊尔库茨克，正式就任耶稣升天修道院的院长和伊尔库茨克宗教学校的校长。从神职人员的一般观念来看，比丘林的道路非常顺利而平坦，令人羡慕。然而，世事难料，事情的发展很快就转变了方向。

伊尔库茨克耶稣升天修道院长期处于荒废状态，伊尔库茨克宗教学校的状况也一样糟糕。由于大片辖区地处偏远、正教院监管薄弱，教区头目无视政府关于在教会学校实施新教学法的命令，仍然执行传统的做法。学生自由散漫，常常迟到旷课。有些学生为了在教区供职甚至明目张胆地旷课，他们的兴趣不是学习和传教，而是从教民手里收敛钱财。比丘林上任伊始便开始整顿教务，在各年级中推行新的教学法，整顿纪律，重罚擅自

身着东正教教服的比丘林（B.C.格里高利耶夫供图）

14

行动、不守规章制度的学生。然而比丘林的积极行为却招致
下层太多的怨言，也遭到了学校领导层的暗中排挤。

　　在复杂的人际关系中，比丘林很快就败下阵来。一些学
生和耶稣升天修道院的修士相互勾结，暗中监视比丘林，千
方百计要找出他违背修道院规章制度的行为。最终，他们编
造了一个荒诞的故事，说在修士大司祭比丘林的居室里有一
个女扮男装的人，名叫伊万诺夫，名义上是他的助手，实际
上是他从家乡带来的恋人。于是他们开始搜寻这个莫名的女
人。这个捕风捉影的行动最终演变成了一场反对校长的骚乱。
伊尔库茨克宗教事务所、伊尔库茨克警察局、伊尔库茨克省
司法局以及喀山警察局共同调查了此事，审问了数十位各种
身份的人，包括学生、修道院神职人员、卫兵等。最后，对
于此案的调查结果，正教院形成了一份长长的 183 号卷宗，
用 447 页记录了"发生在伊尔库茨克宗教学校的骚乱，以及
在这个事件中暴露出来的修士大司祭比丘林的不检点行为"。
正教院在颁布的文件中写道，按照名字一共讯问了九人，被
讯问的人都亲吻十字架宣誓并证实，在修士大司祭处住有同
他一起从喀山来的一个名叫伊万诺夫的人，他们偶然看到那
个叫伊万诺夫的人白天晚上都穿着女人的衣服，而且有人叫
他纳塔莉亚·伊万诺娃。

对于这一事件的处理，正教院最后裁定，禁止比丘林做宗教祈祷，不准佩戴修士大司祭十字架，不再管理修道院，免除校长职务。同时，安排比丘林到托波尔斯克的安东尼大主教处，让他在教会学校担任教师，但是要由可靠的宗教人士监督和管理，每年年末还要向正教院报告他的表现。

1806年1月29日，比丘林失去了宗教学校校长和修道院院长的职务。1806年3月，他离开伊尔库茨克，前往托波尔斯克一个叫作兹纳缅斯基的修道院。在那里，比丘林再次担任修辞教师。

古老的托波尔斯克于1587年建城，但是几乎从它诞生之日起就成了"犯人"的流放地。17世纪中叶，俄罗斯旧礼仪派思想家阿瓦库姆曾经被流放到这里；17世纪70年代，这座城市还发生了被流放的旧教派信徒集体自焚事件；1709年，波尔塔瓦战役后，瑞典军官斯特拉伦贝格在此经历了13年的流放生涯。如今，比丘林也"荣幸地"来到了这个象征流放地的小城。

在兹纳缅斯基修道院，比丘林受修道院院长米哈伊尔的监管。米哈伊尔院长是一位善良之士，他允许比丘林在图书馆学习，并在1806年6月安排他担任教会学校修辞班的教师。1807年1月1日，遵照正教院的要求，米哈伊尔向托波尔斯克大主教汇报比丘林的情况，在报告中他肯定了比丘林的表现："伊尔库茨克教会学校原任校长、修士大司祭比丘林，自到我处之日即安分守己，认真遵守所有的规章制度，尽职尽责地履行学校修辞班教师的职责，取得了值得称赞的成绩。"

也正是由于这次变故，比丘林转而将时间和精力开始用在读书上。托波尔斯克图书馆是当地一所大型图书馆，藏书量庞大，种类丰富。除了神学方面的图书，这里还保存有大量不同语言的历史和地理类学术书籍，包括关于西伯利亚各民族和东方各国民族学与地理学文献。因此，对于比丘林来说，这里简直是难得的好环境。于是，在托波尔斯克，他的兴趣开始转向东方，关于西伯利亚和远东地区各民族历史地理方面的图书尤其引起了他极大的关注。

也在伊尔库茨克，1806 年，比丘林在这里结识了一位为他命运带来转折的人，戈洛夫金公爵。

1805 年 5 月，沙皇政府为了巩固同中国的贸易与外交关系，决定向北京派出以戈洛夫金公爵为首的、由 242 人组成的庞大使团访华，目的是让中国开放俄中全部边境及中国内地贸易，允许俄罗斯人在阿穆尔河（黑龙江）航行，正式承认俄罗斯在广州开展贸易的权利。使团成员中有达官显贵，也有知名学者，还有德国汉学家克拉普罗特。将要赴北京换届的第九届传教团准备与戈洛夫金使团同行。

不过，第九届传教团团长一职还未确定。阿姆夫罗西·波多别多夫作为正教院主席，有意改善俄罗斯驻北京传教团的人员构成和物质条件。他推荐的传教团成员都是受过教育的人，他建议给新一届传教团的拨款由从前的 3850 卢布调整为 6500 卢布的白银，在北京的任职期限由原来的 7 年变为 10 年。这一建议很快被正式批准。

但是挑选团长候选人却成了难题，在各个中心城市均没有物色到合适的人选。相传这是因为在当时的俄罗斯人看来，遥远而陌生的中国是非常令人畏惧的，迫不得已被派去的人在告别家乡时都会洒下痛苦的泪水。第一个被选为第九届传教团团长的是大主教麦基西德，但是他借口患病拒绝前往。第二个被选为团长的是齐赫文斯基修道院学校的教师、修士司祭阿波洛斯，为此还特别将他提升为修士大司祭。

然而戈洛夫金公爵否定了阿波洛斯的候选人资格，他向正教院提出申请，由伊尔库茨克耶稣升天修道院原任院长、修士大司祭比丘林担任第九届传教团团长一职。在他看来，比丘林具有非凡的语言才能、超强的记忆力，而且是一个没有修道士习性的人，性格活泼，喜欢社交，求知欲强。

但是沙皇亚历山大一世不同意戈洛夫金的建议，理由是比丘林因为"藏匿女人"的案件被判处禁止从事教会工作。然而戈洛夫金公爵始终坚持自己的意见，多次向正教院递交报告，一定要留用自己推荐的候选人。这一点恰好得到了阿姆夫罗西·波多别多夫的支持，托波尔斯克大主教对比丘林的肯定大概也助了一臂之力，最后正教院终于撤销了禁止比丘林进行宗教活动的命令，亚历山大一世也同意了正教院任命比丘林为第九届传教团团长一职。与其他候选人不同的是，比丘林十分向往东方，很高兴前往中国。1807年5月，比丘林满怀喜悦辞别了托波尔斯克，回到伊尔库茨克。同年7月，比丘林被正式任命为第九届传教团团长。

戈洛夫金公爵虽然促成了比丘林成为俄罗斯赴华的传教团团长，但是他率领的使团却因其他原因没能成行。1807年7月18日，比丘林带领第九届传教团如期离开了伊尔库茨克。很快，他们在9月

比丘林肖像（B.C.格里高利耶夫供图）

17日从恰克图踏上了中国的大地。除了比丘林，这一届驻华传教团还包括一名监督官，三名修士司祭，两名执事，四名学生，一名画家。

比丘林青年时期在俄罗斯的教学工作至此告一段落，此后开始了新的人生旅程。在1847年所做的以第三人称叙述的自传里，他曾经谦虚地说："在祖国那几年的学校岗位上，我什么都没有做，更不用说在学术上有什么值得纪念的东西，这是因为我当时的教育程度所限。而且，就其教育本身来说，也不可能说什么。"

第三节　东正教传教团

1684、1685 和 1686 年，清朝军队在进行的三次对俄雅克萨自卫反击战中俘获了 109 名俄国人，其中很多是东正教徒。除了返回俄国的一部分，还有 59 人自愿前往北京。清政府按照处理战俘的惯例，将这些俄国战俘（这些人及其后裔又称阿尔巴津人）编在负责保卫京畿的八旗兵镶黄旗中，为满洲第四参领第十七佐领，驻地北京东直门内胡家圈胡同。清政府赐予他们四品至七品官衔，又赐给房屋和土地，同时将胡家圈胡同关帝庙给他们做临时祈祷所，称罗刹庙，即北馆。1693 年起，马克西姆·列昂捷夫在这里担任神父，将其改造为圣尼古拉教堂，直到 1712 年去世。1695 年俄罗斯正教会托波尔斯克都主教伊格纳季派遣两名神职人员前去北京，送去圣餐布、圣油、圣书和其他教堂圣器，准许马克西姆·列昂捷夫为教堂举行圣化仪式，将教堂更名为圣索菲亚教堂，后来又改名为圣母安息教堂。

1698 年，彼得大帝访问维也纳时，接到了北京俄罗斯正教堂举行祝圣仪式的报告，喜出望外。于是彼得大帝指示西伯利亚事务衙门："此事甚善。惟为上帝起见，行事宜谨慎，戒卤莽，以免结怨于中国官员及在当地安营扎寨多年的耶稣会士。为此需要的不是学有根底而是谙于世故的司祭，以免因傲慢而使上述神圣事业一败涂地，像在日本发生的那样。"1700 年 6 月 18 日，彼得大帝更是为此特谕："为确定并扩大在这些盲目信仰的人们中间宣扬东正教信仰和传播上帝福音，也引导居住在托波尔斯克和西伯利亚其他城市的异教徒们皈依基督教并接受神圣的洗礼，需告知基辅都主教，命其在自己管辖小俄罗斯地区的修士大司祭和修道院长或者其他优秀的修士中间寻找一名有学识、纯洁的基督徒，能够到托波尔斯克担任都主教，以帮助中国和西伯利亚那些黑暗中的愚昧无知、执迷不悟的生灵皈依真正的上帝。同时带上两三个善良且好学的年轻修士学习汉语和蒙语，等这些修士认清楚这些民族的迷信之后，再用福音书中确凿的论断引领那些受撒旦迷惑的黑暗灵魂感知上帝的光明，使居住在那里及其以后再来此地的基督徒免受异教的种种诱惑。希望他们能够居住下来，在已建成的阿尔巴津人圣堂中主持圣事，以自己的高尚行为引导中国皇帝及其臣民参与神圣的事业，让那些常年随商队贸易和被派驻境外的俄国人受到约束。"

彼得大帝的这一谕旨在 1703 年被传达给西伯利亚都主教。于是，1706 和 1710 年在北京的东正教徒们被提醒不要失去向中国人传播基督教的机会。

1711 年，俄国商队总管向清王朝理藩院提出允许俄国向北京派遣神父，以便为教徒主持圣事。这是因为第一位神父马克西姆·列昂捷夫于 1712 年去世，阿尔巴津人委托来北京的另一位俄国商队总管胡佳科夫请求俄国政府为他们派遣一名神父。胡佳科夫则建议他们先向中国政府提出申请。中国政府当时正在派遣使团前往卡尔梅克人处，并委托胡佳科夫担任使团向导，因此很快就同意了俄国向北京派遣传教团。

1715 年年底，俄国政府第一届传教团抵达北京，从此开始了它 200 多年的驻华历史。在中俄双方了解甚少的情况下，彼得一世派遣传教团前赴中国，除了保障驻华东正教徒的宗教生活，"使中国皇帝及其臣民从罪恶的黑暗中走向正教信仰的光明"，还有其他目的，即深入了解中国社会的政治、经济、文化等状况。

1729 年 6 月，第二届传教团抵达北京，清政府为他们提供了位于崇文门西玉河桥畔的一处驿馆。该馆原为建于明代的会同馆，用来招待朝贡的藩国使者。第二届传教团和俄国商队被安排在这里居住之后，此处就被称为俄罗斯馆，也叫南馆。清政府为南馆划拨了银两，用于修建一处教堂，后来这座教堂被称为奉献节教堂。南馆"紧邻皇宫、衙门和集市"，并"与来京蒙古人的聚集地相接"。

然而，传教团近百年来在中国的工作状况并不理想。从1715 年的第一届到 1808 年离开中国的第八届传教团，成员一共有 80 多人，大部分都不是自愿而是被迫服从正教院的命令才来到陌生的北京。他们除了为住在北京的东正教徒主持教务，并没有积极在中国人中间传教，更不像当时在华的耶稣会士那样用心学习中国语言并竭力融入中国社会以利传教，而是生活在尽快回家的期盼之中，所以很多人在京居住多年仍不熟谙中国语言。此外，每届传教团里都有人不仅不虔信宗教，而且不尊敬上司、酗酒、斗殴。还有些人娶了中国妇女为妻，他们的中国妻子"不仅教他们汉语和中国的风俗习惯，还向他们灌输自己的宗教信仰"，于是阿尔巴津人就不再与这些司祭往来，更不去教堂做礼拜。

在第四届传教团中有一位叫费奥多西·斯莫尔热夫斯基的成员，写有《驻北京传道团之我见》，其中就第一至第四届传教团中一些人的不雅之举做了很多记录，更为重要的是揭示了早期驻华传教团在中国生活之落魄。因此，到18世纪80年代，很多定居中国的东正教徒甚至完全忘记了俄语，夸张到只记得自己的教名。除此之外，他们在风俗习惯、礼节仪表方面都已经被中国人所同化。

尽管正教会指示第七届传教团团长阿基姆·希什科夫斯基："一到中国就要努力学会使用他们的语言，以便在适合的时机就能用他们听得懂的语言向他们传授福音真理。"但是，大家还是没有积极地学习汉语。正教会还指示"尔属下的修士司祭、修士辅祭、教堂辅助人员和学生都要绝对服从尔修士大司祭。要把你作为父亲、作为教诲并引导他们得到拯救的人来尊敬。"但是，阿基姆·希什科夫斯基还是被他的下属揪掉了胡子。第八届传教团在北京度过了13年之久，返回俄国时由原来的11人减为5人，6人已长眠于中国，但不管是在传教方面，还是在学术领域，都没有取得什么成绩。团长索福罗尼·格里博夫斯基认为，靠修士大司祭的助手们在中国人中间传教不会取得任何成效，而且助手们也没有能力从事这项工作。他总结的原因是：第一个是中国人的风尚；第二是没有使异教徒了解上帝的慈善机关；第三是传教团成员本身的品行不够好；第四是皈依基督教的人反复无常。而索福罗尼·格里博夫斯基本人是一个不关心中国历史和文化的人，刚愎自用，盲目自信，对待下属又极其粗暴。

所以，比丘林抵京之时，虽然使团驻华的历史已近百年，但由于各种原因，使团的布道情况并不理想，不仅在中国民众之间的布道成绩微乎其微，甚至于在阿尔巴津人中间信仰东正教的人数都越来越少，生活在中国社会里的这些东正教徒"像一滴水融入了大海"一样，完全被中国化了，不去教堂礼拜几乎成为司空见惯的现象。比丘林抵达北京之后接手的便是这样一个教务荒废停滞、成员酗酒成性的宗教使团。他甚至认为这些人之所以还保持对东正教的信仰，"不是为了耶稣，而是为了面包"。

《曾经的北馆》，1829年，О.П.沃伊采禾夫斯基医生绘（П.В.杰尼索夫《亚金夫·比丘林神父》）

第二章

1808 年 1 月 10 日，第九届传教团终于抵达北京。这一年，比丘林正好 30 周岁。最初的几年里他认真做好教会的所有工作，然而事事不如人意，驻北京东正教团陷入了尴尬境地。经济状况恶化，使团成员素质参差，诸多原因使得比丘林不得不放弃教会事务，将全部精力转向学术研究。在北京居住十三载又五月后，比丘林最终不得不在众人不善的目光注视下窘迫回国。

第一节　俄国人的中国观与俄罗斯汉学萌芽

10 世纪时，中国的丝绸、茶叶、瓷器等物品已经通过罗马帝国进入了基辅罗斯境内，罗斯人对中国有了一些间接的了解。13 世纪入侵俄国的蒙古军队里也有汉族医生和工匠，他们带去了多种承载中国文化的器物。但遗憾的是，当时俄国人对于中国的印象没有文字的记载。正是所谓："虽然早在 13 世纪蒙古入侵时期，以及在 15 至 16 世纪从中亚西亚商人和欧洲地理学家那里，就有关于中国的某些片断消息传到罗斯，但只是到了 17 世纪，俄国人才仿佛从地理、政治和经济方面发现中国，因为正是在这个时期两国边界才逐渐接近起来。"

有文字记载的历史表明，中俄两国官方之间的最早接触始于 1619 年。17 世纪初期开始，俄国就开始关注北亚地区民族的地理和经济状况，沙皇和西伯利亚总督曾多次派遣使节前赴蒙古各部加强了解，同时也开始将目光投向中国。1618年5月，托木斯克军政长官组织了以哥萨克 И.Φ. 彼特林为首的来华使团。抵达中国后，该使团由于礼仪的问题未能得到明朝皇帝的接见，但是他们带回了明朝皇帝给俄国皇帝的国书。尤为重要的是，彼特林呈送沙皇的一份报告认真记录了使团从托木斯克城出发后经蒙古地区的沿途地理状况以及抵达北京城之后的见闻。其中描绘的中国城市都非常华丽，行业兴旺，货物一应俱全；北京城"非常大，洁白如雪呈四方形，绕城一周需四天。在四个城脚和城墙中央都筑有又高又大，并刷有各种颜色的城楼"。而中国人，"不论男女都很整洁。……但是中国人胆子很小"。这是俄国官方人员进入中国境内之后对中国人的直接印象。

到了1654年，为考察中俄双边贸易的需求等情况，Φ.И. 巴伊科夫使团奉命使华，这次仍然像彼特林一样因为礼仪问题而未能得到中国皇帝的接见。不过巴伊科夫的出使报告比彼特林的报告更详细。其中记录了"中国汗八里（即北京）经常有大量天鹅绒、绸缎、波纹绸、宝石、珍珠和白银"，"在汗八里及所有其他城镇都有各种瓜果蔬菜：苹果、梨、李子、香瓜、西瓜、葡萄、黄瓜以及希腊坚果和俄国坚果，蜂蜜、蜂蜡和糖也很充足，此外还有一些叫不出名称的东西"。而且，"在中国京城，有来自许多国家的人：涅姆齐人、法国人、立窝尼亚人、西班牙人和意大利人等。这些人已在这里居住多年，但仍信奉自己的宗教"。巴伊科夫的报告描绘了一个繁盛而开放的大都市，比起彼特林的报告给了俄国人更多的好奇和诱惑。至于中国人，"中国京城的男女居民都很健壮干净。但汉族妇女缠足，脚小得和孩子的一样。她们穿着本族形式的短袄。她们的头发梳得像日尔曼人"。可以看出，巴伊科夫与彼特林一样，对中国的认识都处于表层。

为扩大中俄贸易，加强对中国的了解，1675 年，俄国政府又派遣 Н.Г.斯帕法里率领俄国使团前来中国。斯帕法里如他的其他前辈一样，对沿途及中国的各种情况做了很好的记录，回国后向使节事务衙门呈报了由托波尔斯克到中国边境的旅途日记、出使报告和《中国及其省市所在之天下第一洲亚洲志》一书。斯帕法里的记录比之前关于中国的记录文笔更优美，而且信息量大大增加，因而受到很高的评价。《中国及其省市所在之天下第一洲亚洲志》一书内容包括中国疆界、宗教、山川河流、社会风俗、行政区划以及周边国家的情况，共 59 个章节，记述了与俄国接壤的中国各地的地理状况，以及通向中国的各条陆路。它不仅是一本描绘西伯利亚、蒙古和中国的内容丰富的地理著作，而且对中国还有了初步的综合研究。即便如此，斯帕法里仍不能理解中国皇帝御座上"龙"的意义，以为"上面刻有各种枝叶、花卉和蟒"。斯帕法里虽然得到了康熙帝的接见，但是在他自己坚持不跪拜的情况下还是不能理解和接受中国的礼仪，认为这个国家很野蛮，自古以来一直固执地坚持自己的礼仪制度。

18 世纪以前，俄国除了官方使团还有商队踏入中国的大门，但是无论是使团还是商队，俄国人对中国的认识仅仅是中国琳琅满目的商品和不能为他们接受的礼仪，至于他们看到的和了解到的这些内容背后的中国历史文化是怎样的却一无所知。他们来华的目的也都是为了与传说中富庶的中国进行贸易。之后，1689 年的《尼布楚条约》打通了两国之间的贸易渠道，也为两国政府直接对话奠定了基础。1715 年之后，俄国便有了彼得大帝派出的第一届驻华传教团，俄国人从此便开始了长期在中国居住并亲眼观察中国的历史。

除此之外，俄国还有来自欧洲的中国印象。16 世纪以来，就有来自欧洲的耶稣会士长期在中国居住，他们有大量的著作描写这个神秘的国度，他们翻译的中国文化典籍也大量传入欧洲社会。十七八世纪的欧洲正是启蒙运动时期，提倡理性的思想界要求建立自由、平等、博爱的新型精神体系。而古老的中国文化中不重神权的哲学和朴素的道德意识恰恰迎合了他们的要求。这时的欧洲美化了中国的一切，甚至于中国的君主政体被视为世界上最好的政体，中国的道德被视为世界上最完备的道德规范，中国的哲学亦被视为世界上最富理性的哲学。很快，以法国为中心的欧洲逐渐兴起了"中国热"，中国的花瓶、漆器、瓷器、丝绸、图画等物品在欧洲广泛流行，包括伏尔泰在内的众多思想家极力渲染中国文化，很多地方热衷于兴建中国式的宫殿和园林景观。

自彼得大帝起，俄国开始把目光投向欧洲，并在科学和艺术各方面仿效欧洲，尤其是法国。1709 年奠基的坐落于芬兰湾的彼得宫便是法国式园林的经典之作。法国的贵族礼仪、歌舞绘画、建筑艺术等都成为俄国效仿的对象。叶卡捷琳娜二世是一个典型，她和伏尔泰、狄德罗等思想家交往密切，不惜重金购买欧洲名家的油画、雕塑和成套的艺术珍品，修建英国式园林的皇村。上流社会还以讲法语和德语为荣，也因此 18 世纪的很多俄罗斯文学著作里都夹杂着法语和德语。这时候，一些描写中国的传教士著作逐渐传入俄国并流行起来。再加上 17 世纪赴华的俄国使团陆续带回的一些中国艺术品，使得俄国宫廷与上流社会对中国的兴趣更加浓厚，因此18 世纪的俄国在法国热兴盛的同时，也悄悄兴起了中国热。时至今日，我们还可以在彼得宫、彼得大帝夏花园和皇村里看到中国式的亭台楼阁，以及中国各种器物和绢画的展出。

然而，18世纪俄国国内对中国文化的兴趣与其说是来自中国本身，不如说是因为崇尚法国而产生的。俄国的中国热与其说是热中国，不如说是步法国后尘，是热法国的结果。如果法国人对中国的器物和文化非常排斥，很难说俄国人就会口味独特地喜欢来自中国的一切，因为在当时俄罗斯文学作品中出现的中国只是一个"快乐悠闲的玩偶王国，滋生荒诞思想和奇妙艺术的国度，无忧无虑的'下等人'生活的天堂"。

俄国驻华东正教团在这样的历史背景下产生并延续下去，的确是架起了俄国社会直接了解中国的桥梁。

尽管第九届之前的传教团在华的传教工作和学术活动从整体上来说不算理想，但从中还是产生了几位优秀的学生，如第二届中的学生伊拉里昂·罗索欣，第三、四届传教团学生阿列克谢·列昂季耶夫等人，他们对18世纪俄国汉学萌芽起了重要作用。

罗索欣随第二届传教团于1729年抵达北京，1735年离开，在北京居住六年之久。在这六年时间里，罗索欣熟练掌握了汉语和满语。在北京期间，罗索欣就开始有意识地积累关于中国的信息，他经常从当时北京的官方公开文件上摘录一些重要的资料,《1730 年邸报摘抄》就是其中之一。阿列克谢·列昂季耶夫是第三届和第四届驻华的传教团学生,在罗索欣去世之后他以其出色的汉语水平担当起完成《八旗通志》翻译工作的任务。此外他还翻译了《大清律例》、《大清会典》等,并且他所翻译的《大学》、《中庸》得以出版,成为第一次在俄国出版的儒家经典。但罗索欣和列昂季耶夫等人的翻译和文章绝大部分都没有出版,至今仍是束之高阁的手稿,所以并没有给社会上的广大读者带去关于中国的信息。然而他们丰厚的翻译成果是不容忽视的,因为它们代表了俄国汉学的萌芽。

相对于欧洲传教士诸多关于中国的著作,19 世纪之前俄罗斯的汉学研究无论从其关注的广度还是从研究的深度上都远远不够。自第一位耶稣会士圣方济各·沙勿略 1541 年来华、利玛窦 1582 年来华之后,很多儒学研究都被介绍到欧洲,到 1715 年第一届俄国驻华传教团抵达北京,历史已经走过一个半世纪。在这一个半世纪里,关于中国的游记纪录、资料汇编、学术专著等各类出版物已经使法国社会兴起了中国热,然而在崇尚欧洲尤其是崇尚法国的俄罗斯,除了商队使团的使节报告和传教团学生的手稿,有关中国的出版物大多仍译自欧洲。

除了赴华的俄国人对中国见闻的记述，俄国还打通了另一种了解东方的渠道，那就是引进熟悉东方语言、了解东方历史文化的欧洲人。

1666年，法国创建皇家科学院，以法国皇帝路易十四的名义招聘著名的科学家从事研究工作。此后，欧洲其他国家纷纷仿效，俄国1725年成立的圣彼得堡皇家科学院即是如此。圣彼得堡皇家科学院成立后，马上面向欧洲招聘优秀的科学家、学者到俄国任职。欧洲第一部汉语辞典的作者、德国历史学家和语文学家拜耶尔即是较早来到俄国的欧洲人之一，他于1725年受聘于圣彼得堡皇家科学院的东方语言教研室。拜耶尔对中国文字的结构、中国的历法都有过一定的探讨和研究，著有《中国的日食》一书。拜耶尔在圣彼得堡皇家科学院工作期间，学习了蒙古语、满语、梵文等东方语言，并于1730年出版了包括汉语语法和汉语字典的《中文博览》。拜耶尔为俄国早期东方学的发展贡献了自己的力量，但是这位不懂俄语的外国人由于性格、语言等原因并未真正融入俄国的学术界，他的东方学也未受到俄国人的足够重视。但是，俄国政府自欧洲其他国家引进东方学家的做法反映了它对以中国为主的东方国家的关注。

从历史背景上看，16世纪下半期，俄国的殖民势力已经扩展到了西伯利亚；17 世纪末，中俄两国之间已经有了由边界冲突等因素引起的雅克萨战役，而自那时开始，描写中国的各类出版物越来越多出现在俄国。无论是出于政治的因素，还是双边贸易的考虑，俄国政府及社会各阶层对中国的兴趣都在与日俱增，这就是俄国汉学开始作为一门学科在进入 19 世纪后兴起的大背景。另外，19 世纪上半期既是尼古拉一世暴政肆虐的时代，也是知识分子思想活跃、流派林立的时期，作为一个有思想的学者，比丘林当然也要发出自己的声音。然而对于比丘林个人而言，推动他学术研究更多的因素是他个人对中国历史文化的兴趣。

第二节　和先生比丘林的学术研究

　　1808 年 1 月，比丘林到达北京之后，从前任团长修士大司祭索福罗尼·格里博夫斯基手中接管了财务、教堂用具及文件，妥善安置了第九届传教团，建立了与中国政府的联系。就这样，在一个隆冬的日子里，新一届传教团的北京生活正式开始了。

　　比丘林到了中国之后，很快就开始学习中国语言。甚至用他自己的话说，来北京之后的第二天就开始学习汉语了。当时既没有汉语字典也没有满语字典，更没有俄文文献可以帮助比丘林理解中国语言。就这样，在一个完全陌生的世界里，比丘林开始了他的汉语学习。由于到达中国之前，比丘林已经掌握了拉丁语、法语等多种语言，凭借自己在语言上的天赋和积极的态度，他很快就能够运用汉语了。

　　为了"已经不讲俄语"的阿尔巴津人后代积极参与宗教

比丘林身着满服画像（В.С.格里高利耶夫供图）

活动，比丘林认真地编写了简明教理问答手册，并且翻译成了汉语。随后又翻译了东正教教理、简明神学史等资料。这些翻译工作都是在他抵达北京之后两年内完成的。除了将东正教的一些资料翻译成汉语，他还开始酝酿编辑字典的计划。

19世纪之前，第三届的列昂季耶夫和第七届的弗拉德金编辑过几种汉语小词典，但是已经略通汉语的比丘林发现他们的字典存在很多错误，他说，列昂季耶夫自拉丁语翻译成小俄罗斯语的汉语词典，错误之处很多，令人费解；而由弗拉德金译成俄语的满语词典又过于简单，条目太少，释义单一，与原义偏差颇多。而且，这两种词典都没有科学、艺术、手工、机械、工具类词条，也没有动植物和矿务术语，抽象词汇和成语也不曾收录。在这样的情况下，比丘林自己便行动了起来。

为了学习语言并编辑字典，比丘林经常自称"和先生"，身着中国长袍，出现在集市、商店，观察中国的艺术品和手工艺品，记录下实物的名称和发音，回家后在汉语老师的帮助下将词汇一一地核对和检查。同时，还与几位皈依东正教的中国人和供职在俄罗斯佐领的俄罗斯人练习口语。为了更多地掌握词汇，他还尽量购买一切能够买得到的鸟类、树木、花草、奇石等多种动植物、矿物，非常用心地在住所旁边开辟了一个小小的植物园。功夫不负有心人，经过刻苦而有心的学习和积累，比丘林在北京居住四年后，终于编辑成一部丰富的汉俄词典，同时还精通了中国古文、方言和日常用语。1810 年 8 月 14 日，他在写给恰克图海关总长的信中说："毫不夸张地说，我在这里纯粹是为了祖国，而不是为了自己。否则我不可能在两年之内把汉语说成现在这样。"词典的编辑完成，给了比丘林很大的鼓舞，给了他更多的信心，于是他决定试着翻译中文历史文献。

19 世纪之前的俄国驻华传教团虽然也培养了一些人才，如第二届学生罗索欣翻译了《八旗通志》《三字经》；第三届学生列昂季耶夫不仅在罗索欣离世后接替他继续翻译《八旗通志》，还翻译了《大清会典》、《大清律例》、《大学》、《中庸》等重要中国典籍；第七届使团学生安东·弗拉德金不仅编写了俄国第一部满语教材，还编写了满、汉、俄语多种词典。不过总体上来说，18世纪的传教团教务荒废，学术成绩也有限。在比丘林看来，19世纪之前的近百年间，历届传教团的成员们"既没有对科学，也没有对艺术带来任何益处"，并严肃地指出，列昂季耶夫等人的翻译存在很多问题，既有翻译的错误，又有晦涩难懂之处。

比丘林对于中国典籍的翻译极为重视，在北京的最初几年时间里，他在学习汉语的同时也开始了翻译工作，他的清史研究正是建立在对中国典籍的翻译工作之上。但是比丘林并不是

比丘林的法文信函（П.В.杰尼索夫《亚金夫·比丘林神父》）

一个闭门苦读的人，他很快与在北京的西方天主教传教士建立了联系，并成为他们图书馆的常客。在这里阅读的天主教传教士曾德昭、冯秉正、杜赫德等人关于中国的著述，应该是比丘林接触到的第一批欧洲人关于中国的文字。在北京期间，比丘林一直与驻北京的西方传教士交往频繁，不仅经常会面，还书信来往。现在，俄罗斯科学院东方文献研究所的档案馆至今保存有他与欧洲传教士的拉丁文和法文信函。

由于比丘林熟悉中文、拉丁文与满文，因而常受到中国官员的邀请，翻译来自欧洲的文件。除了官员、士大夫，市井庶民也是他的交往对象。与社会普通市民的接触和交往，既能使比丘林更好地了解他所处的中国社会，又能为他提供研究所需信息和文献来源。居留在北京的诸多少数民族，包括藏族人、回族人、朝鲜人、蒙古人、满人等，同样属于比丘林的社交对象。与他们的长期交往，在很大程度上帮助比丘林加深了对中国边疆诸民族的感性认识。

俄罗斯科学院东方文献研究所的档案馆里存有一件珍贵的档案文件，是一位名叫赵寅永的朝鲜人赠予比丘林的汉文诗，全文如下：

余与鄂罗斯和先生会晤于玉河馆中，其将别

也，为赠一诗以证异域之交云。

相去数万里，同在一天下。

他日相思际，只应御风马。

丙子元月下澣朝鲜赵寅永书奉和先生几下。

　　俄国驻华传教团自第九届开始有任期十年的规定，故比丘林自 1808 年抵达北京到 1816 年，已经是近十个年头。因为醉心于中国学术研究，比丘林不甘心按期回国，于是他在 1816 年 11 月 18 日给俄国东正教主教公会发出一份呈报，其中写道："请允许我再留居北京十年，好让我完成中国史地典籍的翻译和一些写作，也让我能够帮助新来的人尽快地掌握当地的语言。"比丘林的要求被允许了。之后，他与第九届传教团又留在北京六年时间，直到 1821 年 5 月才动身返回俄国。比丘林回国时随身携带有重达 6500 多公斤的行李，其中包括十二箱中文、满文书籍，一箱手稿，一箱染料，六件地图和一幅北京城郭平面图，有他个人的，也有他帮助俄国外交部亚洲司、圣彼得堡公共图书馆等机构购买的图书。比丘林从中国带回的书籍包括《资治通鉴纲目》、《续资治通鉴纲目》、《大清一统志》、《大清会典》、《康熙字典》、《大清律例》、《蒙古律例》、《廿三史》、《授时通考》、《西域闻见录》、四书五经等数百种珍贵典籍和图书。对于这些中文书籍，他一边翻译一边作为史料用于自己的著述。

在北京的第七年，比丘林开始翻译四书，并加以详细的注解。他认为四书是中国典籍译为外文的钥匙，而翻译和阅读中国古籍则必须了解古代和现代有关历史地理资料。因此在四书的翻译工作完成之后，比丘林又开始了《大清一统志》中关于中国历史地理资料的摘录，然后他将其缩译成十六卷本的中国史。此外，在北京期间，他还初步翻译了《西藏志》、《西域闻见录》、《资治通鉴纲目》，以及有关蒙古、西藏和西域方面的著作。可惜的是，比丘林的四书译本没有出版，尽管后人在他的手稿中发现了好几种四书的译本，有的还是经过认真编辑加了详细注释的。苏联时期的学者 З.И.戈尔巴乔娃认为，比丘林之后的四书俄译本，比如 В.П.瓦西里和 П.С.波波夫的翻译，质量都没有超过比丘林的翻译。

除了上述资料的翻译，比丘林还翻译了《御批资治通鉴纲目》、《大清会典》等大型典籍资料，也翻译了《中国钱币》（译自日文）、《牛痘的接种》、《法医》、《中国星学》、《关于黄河和运河的护岸工程》等各类科学方面的文章。可见他对中国的兴趣不仅限于历史，还有科学方面。

第三节　尴尬传教，窘迫归国

　　与比丘林个人丰富充实而又成绩卓著的学术活动相比，他所领导的第九届传教团的教务工作就显得薄弱了很多，以至于给他带来了牢狱之灾。

　　这一届传教团成员除了比丘林，还包括一名监督官谢苗·佩尔武申；一名画家休金；三名修士司祭，阿尔卡季、谢拉菲姆、涅克塔里；两名执事，瓦西里·亚菲茨基、康斯坦丁·帕利莫夫斯基；四名学生，马尔盖尔·拉夫罗夫斯基、叶弗格拉夫·格罗莫夫、米哈伊尔·西帕科夫、列夫·济马依洛夫。除了比丘林是怀着一种对学术的渴望和追求之心来到中国，其他各人都一如历届传教团成员一样迫于命令才来到中国，语言不通，不适应北京生活，思念家乡，孤独寂寞，从而产生了太多太多的问题。

　　修士司祭阿尔卡季和谢拉菲姆性情乖张，固执粗暴，桀骛不驯；修士司祭涅克塔里则患了严重的心理疾病，最后精神崩溃而痛苦地自杀；两位学生马尔盖尔·拉夫罗夫斯基和叶弗格拉夫·格罗莫夫"品行恶劣"，以至于正教院准备将他们召回俄国，但最终还是因酗酒而葬身于北京；执事康斯坦丁·帕利莫夫斯基竟然敢从奉献节修道院和教堂偷走很多圣品，送到当铺换成白银自己挥霍，甚至把偷出去的助祭祭服上系有十字架的圣带送给妓女当了腰带。

面对下属的错误，比丘林曾经给他们"捆绑三天，不给吃饭"的惩罚，然而惩罚是毫无用处的，这样不但丝毫没有加强教团的纪律，反而激化了他们的对立情绪。不只是作为团长的比丘林对他们忍无可忍，就连中国方面也不满这些东正教徒的不堪行为，以致理藩院多次致函伊尔库茨克省长 Н.И. 特列斯金，抱怨这些驻北京的东正教传教士"懒惰、酗酒、淫荡"。

除了对犯错者施以严厉的惩罚，比丘林给予他的下属更多的还是关心和教导。他曾为马尔盖尔·拉夫罗夫斯基和叶弗格拉夫·格罗莫夫两位学生向正教院求过情，并得到了谅解和宽恕。不幸的是这两位学生最终酗酒而死。四名学生已经死去一半，作为团长的比丘林，对此深感悲痛却又无奈。剩下的两名学生，米哈伊尔·西帕科夫和列夫·济马依洛夫则比较幸运，为了让他们日后成为有益于祖国的人，比丘林对他们悉心栽培。令人欣慰的是他们最后都掌握了汉语和蒙语，回国后在外交部亚洲司任职翻译。

爱偷东西的执事康斯坦丁·帕利莫夫斯基，后来被勒令回国。这个小人回国之后极力损坏比丘林的名声，总是添油加醋地渲染事情，甚至捏造说比丘林经常出入戏院及青楼，酗酒成性，不参加礼拜活动，对一个车夫进行毒打，与女子姘居，还曾对前来索要女儿的老太太进行殴打，这个老太太在被打的第三天就死掉了。在帕利莫夫斯基的大肆渲染下，为人正直的比丘林在外交部和正教院臭名昭著，使得众人头脑中产生了一个卑劣的比丘林形象。

同时代研究者米罗特沃尔采夫对比丘林充满了同情，他说："亚金夫神父的助手都是些性格暴躁、醉生梦死的人，往往迫使忍无可忍的上司对他们采取过激措施，而这又成为上司与下属之间不断产生隔阂与敌意的原因，最终导致下属对比丘林的控诉与告发。"

在北京生活的前三年里，教团的日子还算好过，每逢礼拜日和节日，教堂都会安排祈祷仪式，在经费尚可的情况下各项事务和管理工作都能顺利进行。然而这种顺利没能维持多久。1812 年俄法战争前夕，沙皇政府忙于应付日益尖锐的俄法矛盾，忘了远在中国还有自己的一个东正教团，和一群等待银两来饱腹的东正教传教士，自 1811 年起，沙皇政府就没有向远在异国他乡的第九届传教团提供基本的生活费用，饥寒交迫又思乡心切的传教士们成了真正的弃儿。

在极为窘迫的条件下，为了维持大家的基本生活，为了不让北京的俄罗斯墓地增加新的成员，作为团长的比丘林不得不变卖教会的房屋和土地，典当教堂的一些用品。然而这一行为却成了后来正教院指控他的重要罪证之一。残酷的是，即便教会的财产被变卖，加上中国政府发给的钱粮补贴，教团仍然处于贫困之中。教堂钟楼被毁了，屋顶和墙壁脱落了，却没有相应的资金来修复；修士们的教服破烂不堪了，却盼不到祖国送来的新教服，中式长袍不得不成为替代品；教士们生病了，却没有多余的银两来买中草药，健康和生命也只能交给上帝了。于是，圣母安息教堂的钟声慢慢地销声匿迹了，奉献节教堂也越来越难以看到东正教徒的身影。北馆和南馆的宗教活动就这样无可奈何地渐渐停止了：不只是向中国人传教成为不现实的奢望，就连北京的阿尔巴津人，连教团自己的成员都懒得向教堂迈一步了。

摆在大家面前的是经济的困境、气候的不适、病痛的折磨、无尽的乡愁和挥不去的绝望。于是团长自己都对上帝绝望了。自 1813 至 1820 年八年的时间里，比丘林领导的第九届传教团共有 20 个俄国人后裔和 8 个中国人受洗，而参加八年共八个基督教复活节的人数加起来一共才 28 人。复活节一般持续一周时间，教徒都要在教堂里举行非常隆重的活动，然而即使是在基督教最重要的节日复活节，比丘林也经常不到教堂主持圣事，即便在教堂出现，也仅仅是第一天，然后就没有了踪影。在 1822 年 5 月 29 日于圣彼得堡宗教所的问讯中，修士司祭阿尔卡季证明，"修士司祭涅克塔里离开北京后，修士大司祭亚金夫就再也没有去过教堂做事奉圣礼"，他只是"派阿尔卡季和谢拉菲姆轮流到教堂做礼拜，做祈祷"，而且"修士大司祭再也没有参加过授圣餐仪式"。

面对如此窘迫而尴尬的局面，比丘林不得不放弃整顿教务的计划，转而将全部的时间和精力放在学术活动上。

作为一名传教士，一名基督徒，比丘林的兴趣却不在教会工作上，而是越来越醉心于学术。他甚至给正教院写信表示，将会全力帮助下一任使团学生"最快、最有效地掌握当地语言"。因此，他建议选派具备完成学术任务良好素质的学生。他还建议使团招收一名喀山神学院学鞑靼语的毕业生，可以研究中国西部各民族历史，再从恰克图蒙古学校招收一名从事藏语文献翻译工作的学生。然而，正教会选派教士前往中国不是出于对学术的兴趣，也不担任完成学术研究的任务，他们关心的主要是教务问题。而比丘林所负责的第九届传教团在北京的状况实在糟糕，关于比丘林"恶行"的报告在伊尔库茨克省长特列斯金、西伯利亚总督斯佩兰斯基和正教院之间层层传递。特列斯金甚至在 1814 年就建议政府早日从北京召回比丘林，派出下一任传教团。他认为把使团头领的职务交给神职人员是不可靠的，建议使团成员除学生外，应该由最高世俗权力机关确定"称职的官吏"负责使团的工作，而且由最高世俗权力机关决定传教士的人选。如此提议虽然遭到宗教事务与国民教育部大臣 A.H.戈利岑和外交大臣 П.Л.涅谢尔罗德的反对，然而却给了当权者新的思路来选择下一届传教团成员。

最终，帕维尔·伊万诺维奇·卡缅斯基被任命为第十届传教团团长。卡缅斯基曾经是第八届传教团的学生，1799 — 1807 年间住在北京，学过汉语和满语，回国后在亚洲司任职翻译。卡缅斯基受洗之后取教名彼得，很快就在亚历山大·涅夫斯基修道院晋升为修士大司祭。大概是为改善俄国驻北京传教团的状况而对第十届传教团抱以太大的期望，沙皇政府和正教会给了这一届全部成员很好的待遇。沙皇赐给他一枚珍贵的十字架、一枚二级圣安娜勋章、一级祭服、一顶宝石装饰的红丝绒镶金金冠、大量的图书，还敕令给所有修士司祭赏佩方挎，给所有成员增加薪俸，还前所未有地为这一届传教团配备了一名医生。在前往中国前夕，卡缅斯基还当选为科学院中国文学及古迹学科通讯院士，还得到许诺：回国后可以得到高额退休金、授予都主教的职位。面对已经到手和即将到手的实惠，修士大司祭彼得·卡缅斯基自然不想辜负沙皇和正教会的期望，更何况他和同行的监督官 E．Ф．季姆科夫斯基还肩负着查明第九届传教团所有账目的任务，于是他怀着一种光荣的"使命感"，出发了。

1820 年 12 月 1 日，第十届传教团抵达北京。13 年之后再次来到北京，眼见破败不堪的东正教堂空空荡荡，团长比丘林和其他成员的确教务荒疏、纪律涣散，年长 12 岁的卡缅斯基并不同情比丘林所经受的经济困境。人称"研究汉语达 20 年之久却一篇佛教经文也看不明白"的卡缅斯基对比丘林的学术热情也毫无兴趣，他只是认真履行了上级交给的任务，仔细撰写了反映比丘林诸多问题的材料。他说："出于职责，我不得不把前任使团描写得劣迹斑斑。"现实也的确如此，这些材料将由季姆科夫斯基转交正教院和外交部亚洲司。

即将回国的第九届传教团和第十届传教团在北京共同相处了近半年时间，在此期间，比丘林积极地给新来的学生教授汉语和满语，以便他们快速掌握语言，适应北京的生活。五个多月的时间，帮助卡缅斯基调查比丘林问题的监督官季姆科夫斯基越来越熟悉比丘林，也越来越敬佩这位汉语娴熟、学识渊博的学者。然而，当他于1821年5月15日同比丘林一起从北京启程回国时，行囊里仍然装上了比丘林不知道的秘密报告，那是回俄之后对准他的炮弹。

那天下午，由30峰骆驼、5辆大车、5名哥萨克护送的车队离开了北京。其中15峰骆驼装载的是比丘林13年半时间在北京搜集的中文图书。当天，传教团成员怀着回家的喜悦与伤感来到了位于北京安定门外的俄罗斯墓地，与再也回不到家乡的同胞亡灵告别。

旅途伊始，比丘林即开始了自己的日记，记录使团整个行程所见所闻。1828年，比丘林出版了两卷本的《蒙古札记》，其中的第一部分就是这一行程的旅行日记。恰如一句俄国谚语所言："山与山不能碰面，人与人总能相逢。"人与人之间的缘分是奇妙的，谁都没有想到，从中国至俄国的漫漫旅程竟然培养了比丘林与季姆科夫斯基两人的友谊，都给予了对方很大的帮助。行程中，比丘林将自己在北京翻译和整理好的很多蒙古史资料提供给季姆科夫斯基，使之顺利完成三卷本的《1820—1821年经蒙古至中国的旅行》，后来于1824年在

《蒙古札记》书影，萨马拉火神出版社
2010 年再版

圣彼得堡顺利出版；而季姆科夫斯基，则在几年之后亲自参与了帮助比丘林出狱的活动。

1821 年 8 月 1 日，比丘林一行到达恰克图，并停留了一段时间。恰克图，这个"有茶的地方"，自 1727 年建立之日起就成为中俄互市之地，边境贸易兴盛一时。然而在市场上俄国人讲的是"洋泾浜"汉语，中国人讲的是"洋泾浜"俄语。比丘林在恰克图停留期间结识了当地著名商人 H.伊古姆诺夫等人，他们提出了在当地筹建一所汉语学校的设想，比丘林当即表示赞同，并表示愿意亲自为此编写一本汉语语法。大约一个月之后，传教团受命返回圣彼得堡，关于汉语学校的计划就此搁置。

第三章

十三载北京峥嵘岁月，比丘林的学术收获太多，他将大批珍贵汉文书籍带回俄罗斯，也将他所有关于中国的研究成果带到了萌芽时期的俄罗斯汉学界。然而在教会当局的眼中，他的教会工作重于学术研究。在北京的种种过往，都成为他被困瓦拉姆岛的助力。然而他追求学术的心不死，在瓦拉姆监狱里如此，被释放回到亚历山大·涅夫斯基修道院如此，之后赴恰克图执教期间仍是如此，他执着于汉学研究工作。他给处于萌芽时期的俄罗斯汉学界打下了发展的坚实基础，俄罗斯汉学研究在很多领域开始超越欧洲汉学。

将汉学带回俄罗斯

第一节　身陷囹圄

　　初秋时分，比丘林和大家从恰克图启程，长长的驼队一路西行。

　　走过广阔的西伯利亚高原，跨过漫漫的西伯利亚草原，翻过绵延的乌拉尔群山，比丘林到达了美丽的伏尔加河畔，向他敞开双臂的是阔别多年的亲爱的故乡——楚瓦什大地。怀着一丝喜悦，比丘林在故乡稍作停留，会亲访友。之后，继续前行。1822 年 1 月 17 日，比丘林一行最终到达俄国帝都圣彼得堡。之后他被安置在亚历山大·涅夫斯基修道院。此时，他还不知道等待他的是什么，但正教院和宗教事务部却早已将他列入了被告席。

　　不幸的是，一直器重比丘林的正教院主席阿姆夫罗西早在 1818 年 5 月离世，而他的继任米哈伊尔·杰斯尼茨基于 1821 年 3 月去世后，正教院主席由一个名叫谢拉菲姆·格拉果列夫斯基的人接替，所以审理比丘林等人"滥用职权及淫荡行为"一案由谢拉菲姆负责。倘若阿姆夫罗西还在世掌管正教院的工作，也许会对案件做一个详细的调查和公正的处理，然而比丘林已经没有这样的好运了。

阿姆夫罗西·波多别多夫像（П.В.杰尼索夫《亚金夫·比丘林神父》）

关于比丘林和阿姆夫罗西的关系，还有一段无聊的传闻，说比丘林是阿姆夫罗西的私生子，所以一直受到他的庇护。这种谣言是何时开始的，并不明确。一位叫作乔坎·瓦利汗诺夫的俄国人曾经在日记中写道：

8月8日在这里简直是百无聊赖。

今天吃午饭时，扎哈洛夫说起了那些曾经在北京上学的汉学家的事情……比丘林是修道士阿姆夫罗西的私生子，阿姆夫罗西是贵族姓氏。26岁的修士大司祭比丘林过着躁动不安、放荡不羁的日子。因此，阿姆夫罗西替他求情，把他派到了北京，以为在异国他乡他就没有机会胡作非为了。众所周知，比丘林的北京生涯是如何收场的。

这里的扎哈洛夫即 И.И. 扎哈洛夫，俄国驻北京第十二届传教团的成员，1839 年 8 至 12 月赴中国之前曾跟随比丘林学习汉语，1842 年回国之后担任亚洲司翻译，与比丘林同事。1856 年 8 月，乔坎·瓦利汗诺夫作为外交使团成员在伊宁滞留过一段时间，当时 И.И. 扎哈洛夫在那里担任俄罗斯领事。

即便是作为比丘林好友的季姆科夫斯基，晚年也曾对人讲述，比丘林"才华横溢，聪明睿智，又不失忠善仁慈，但他却享乐至上，放荡不羁。他与教会阶层格格不入，只是偶尔步入其中。他是某个阿姆夫罗西的私生子，就是他，给年仅 22 岁的比丘林谋到了伊尔库茨克修士大司祭的职位"。

毫无疑问，阿姆夫罗西对比丘林的帮助和庇护是有目共睹的，而比丘林对阿姆夫罗西的敬仰也是毫不隐瞒的。比丘林每当说起阿姆夫罗西，总是以仰慕的口吻赞叹，说他能够以全新的方式大规模组织对伏尔加河流域非俄罗斯族的基督教教育。而在 И.И. 扎哈洛夫的回忆里，又总是强调阿姆夫罗西在东正教教会的地位影响了比丘林在教会仕途上的升迁。谣言的源头也许不只是 И.И. 扎哈洛夫一个人的传言。比丘林前期在教会里的无比顺利与阿姆夫罗西去世之后的遭遇厄运存在很大的反差，这种反差给好事者制造了一种无止境的猜测，给嫉妒者提供了编造恶毒诬陷的突破点，恶语一旦出口，即成为人与人之间奔走相告的谣言。

1822 年夏天开始，圣彼得堡宗教事务所开始了案件的调查和审理。比丘林和第九届传教团其他成员被单独隔离审查，每个人的住所也被搜查，书信文件全被没收，所得信息作为"疑点"用于案件的审理。在审理过程中，法官们挖空心思地询问比丘林成为一个东正教徒之后诸多的生活琐事，以期发现令人兴奋的"犯罪事实"。面对如此审讯，比丘林宁愿保持沉默，但是他最终不得不对圣彼得堡宗教事务所提出的 44 个疑点做出书面的解释和答复。审查一直持续到第二年 1 月份才结束，历时半年之久。

对于比丘林言辞有限的辩解，圣彼得堡宗教事务所根本没有调查和采纳，就在 1823 年 2 月做出了判决，判处比丘林到圣彼得堡郊外临近芬兰湾的圣三一·谢尔盖耶夫修道院一年，"从事适合其身份的工作"。宗教事务所更是列举出比丘林的种种罪行：

　　修士大司祭比丘林在伊尔库茨克期间，有女人冒充见习修士藏匿其住所，有伤风化。之后，承蒙圣上宽容，惠赐他任 1807 年北京传教团团长一职。但是，比丘林并未珍惜良机，不是竭尽所能完成重托，不辜负圣上的关爱和信任，却在北京以及回国途中玩忽职守，触犯法律：

　　（1）抵达北京后不是亲自从前任手中接手教会财务，而是委托修士司祭办理，并且未对教会财产进行登记注册，违反了正教院 1788 年 7 月 17 日法令。尔后继续敷衍塞责，纵容使团成员酗酒滋事及其他无礼行为，甚至偷窃修道院和教会物品拿到私人手中典当。作为团长他不仅未禁止这类恶习，甚至自己把从一顶金冠上取下的一簇宝石镶嵌在中式帽子上。

　　（2）在北京期间，从 1814 年开始就再也没有参加过任何宗教仪式，不履行一个基督徒的任何义务，甚至不是每年都做忏悔。

　　（3）在北京以雇用帮工为名扣留一个中国年轻人。

　　（4）私自拆毁教堂钟楼，变卖教堂 5 处房产。

（5）赐给服毒自杀的学生格罗莫夫基督教葬礼，违背了亚历山大大主教第14条教规。

（6）对下属的惩罚不公正，极其残酷，且不符合其身份和过错，以至于他们时常向中国政府控告使团对其进行侮辱和指责。

（7）允许自己和其他修士司祭当众观看中国焰火。

（8）从伊尔库茨克带走一名12岁的男孩，与他同乘一辆车，同睡一张铺。

（9）搜查中发现了一封来自女人的信件，信中提到女人生了另一个人的孩子。怀疑是通奸关系。

……

但是这次的判决没有被通过，因为"量刑太轻"。新任正教院主席谢拉菲姆要求给比丘林严酷的处罚。1823年2月19日，正教院废除了这个判决，做出名为第3633号令的最终判决：比丘林永久流放到正教院下属的临近北冰洋的索洛韦茨基修道院，修士司祭谢拉菲姆在瓦拉姆修道院服四年"修道院苦役"，修士司祭阿尔卡季在韦坚斯基·奥斯特洛夫斯基修道院服一年"修道院苦役以改过自新"。两名学生济马依洛夫和西帕科夫未被惩处，而是前往外交部担任汉语和满语翻译。

1823 年 8 月 23 日，亚历山大一世批准正教院的命令，将监禁比丘林的索洛韦茨基修道院更名为瓦拉姆修道院。8 月 24 日，宗教法庭因"十二年未进教堂，出卖教堂财产，完全疏于传教士的职责，对下属监管不力"等罪名对比丘林做出了最终判决："剥夺比丘林修士大司祭和神父的职位，降为普通修道士。比丘林此后不再是修士大司祭和神父，但要参加礼拜，用手祈祷，不再佩戴修士大司祭的十字架，保留修士名，署名只写普通修道士。按主教和圣上命令，将其送往一级救世主易容瓦拉姆修道院，终生在此居住，期间不准离开。"

　　此后，比丘林开始了拉多加湖瓦拉姆岛上瓦拉姆修道院

拉多加湖瓦拉姆岛（孔江摄）

瓦拉姆修道院及其教堂（孔江摄）

的生活。幸运的是，他在这里只是度过三年多的光阴，而不是终生。

这是因为比丘林在抵达圣彼得堡之后结识了很多社会精英，融入了他们的社交圈。其中有俄罗斯石版印刷术的发明者和电磁电报的发明者 П.Л.希林格、文学评论家 П.А.维亚泽姆斯基、时任帝国公共图书馆馆长的 А.Н.奥列宁、《祖国之子》的编辑 Н.И.格列奇、诗人 В.А茹科夫斯基、音乐家 В.Ф.奥陀耶夫斯基等社会名流。大家经常聚会，或在 Н.И.格列奇家的星期四文学日，或在 В.Ф.奥陀耶夫斯基家的星期六聚会，或在画家 Ф.П.托尔斯泰家的星期日晚会。
这些社会精英们聚在一起进行学术交流，互通信息，不仅一
起欣赏最新发表的诗歌、最新的书刊、某位画家的最新画作，
更是议论时政，针砭时弊。

　　比丘林成为了这个圈子里的重要成员之一，是一个给大
家带来东方国家信息的备受欢迎的东方学家。因此，在比丘
林案件审理期间，就已经有很多人四处奔走为他求情，这其
中不仅包括他的朋友，还包括未曾谋面而敬佩其汉学成就的
高层人士。

　　从北京带回调查材料的季姆科夫斯基，早已成为比丘林
的好友，返回俄国后在外交部供职的他一直惦记着流放中的
比丘林，尽力利用一切关系为营救比丘林铺路。后来，比丘
林结束流放后，季姆科夫斯基不仅通过自己的上司申请将比
丘林借调到亚洲司工作，还把比丘林介绍给当时一些著名的
文学家和出版家。Г.И.斯帕斯基就是其中的一位著名出版家。

　　Г.И.斯帕斯基是一位史学家，尤其喜欢研究西伯利亚
历史，1818 年在圣彼得堡创办俄国第一份方志杂志《西伯利
亚通报》，1825 年之后改为《亚洲通报》。斯帕斯基可谓是大
有贡献于中俄关系研究的学者，他的《西伯利亚通报》为该
领域的研究者提供了一片沃土，自创刊以来，几乎每期都发

表有关俄中关系、西伯利亚民族及其历史方面的文章。俄罗斯旅行家们，如 И.Ф. 彼特林、Ф.И. 巴伊科夫、Н.Г. 斯帕法里等人的作品均在此发表。

1822—1823 年间，《西伯利亚通报》上刊载了比丘林的文章《1819 年北京的一场不寻常的风暴以及博格达汗就此颁布的谕旨》、《准噶尔和小布哈拉的暴动》和《关于中国皇帝嘉庆之驾崩及其长子旻宁登基的消息》。斯帕斯基在正教会审查比丘林期间就开始刊登他的文章，一方面出于自己对东方历史的兴趣和爱好，另一方面出于对学术和学者本身的尊重。由此，比丘林的名字真正走向学术界。

时任西伯利亚总督的斯佩兰斯基，曾经多次向外交部递交关于比丘林"恶行"的报告，然而当他了解了更多的情况、认识到比丘林的汉学成就之后，又专门写信给外交大臣 К.В. 涅谢尔洛德，希望在判定他的行为时能够公正地评价他的学术著作。而外交大臣 К.В. 涅谢尔洛德本人也恰恰阅读过比丘林的译著《成吉思汗王朝前四汗史》，对比丘林赞赏有加："我非常认真地审查了这部书稿，认为其中所包含的资料对一般历史而言颇为重要，对我国针对中亚地区的贸易和其他计划而言也十分重要。书稿的问世不仅对我国学者有利，对西欧学者也很有利，因为他们已失去了以前通过罗马天主教传教士保持的直接联系。"1823 年 3 月 10 日，K.B.涅谢尔洛德还致函时任宗教事务与国民教育部大臣的 A.H.戈利岑，赞赏比丘林汉语成就，建议利用其语言才能，为以后即将赴北京的传教团成员进行语言培训。戈利岑便认真地将此事上奏沙皇亚历山大一世，但是遭到了拒绝。戈利岑于 8 月 27 日回复说，沙皇认为因怜惜其功绩而削弱法律制裁力度是不公正的，即使是作为一名普通公民，也不应该纵容这种道德不端的人。

朋友们的热心帮助并没有起到作用，就这样，沙皇签署了关于北京传教团案件判决的文件。于是比丘林打点行装，开始了另一种无奈的行程。1823 年 9 月 4 日，比丘林到达位于瓦拉姆岛上的修道院。他将珍藏的大部分珍贵图书和手稿交给曾是自己下属的西帕科夫保管，自己随身携带了一部分。据说，由于前往瓦拉姆修道院时手头拮据，他不得不将手稿《西藏与唐古特史》以 1000 卢布的价钱卖给了圣彼得堡最富有的收藏家库舍列夫伯爵。

于是，在圣彼得堡东 40 公里的地方，远离尘嚣的拉多加湖上，古老的瓦拉姆修道院里，平添了一个心绪难平的修道士。早在 12 世纪，俄罗斯东正教的苦行者就在拉多加湖西北荒凉的瓦拉姆岛上修建了这座修道院，来到这里，比丘林既不能真诚地"悔悟"，也不能安静地居住下来。他的心里有着庞大的学术计划，实在不甘在此僻静之地的狭小居室里荒废时日。

于是比丘林发出了两封信，一封未显示收信人，是他请П.Л.希林格转交一名高官帮助他摆脱流放生活的。在信中，他讲述了自己被选为替代阿波洛斯使华的过程，以及与伊尔库茨克总督发生过的不快，并且说卡缅斯基之所以控告他，是受了那些对自己心怀不满者的蒙骗。也正是在这封信中，比丘林给自己十多年的辛劳做了一个比较公正的评语："如果让我为自己说句公道话，那么我可以说，在研究中国的 13 年里，我一个人所做出的成绩是使团在过去的一百年间所有成绩的好几倍。"他又虚心地说："从 20 岁到 30 岁，我是懒散的，为过去那些轻浮的行为，我的内心里受到的责备要比现在所遭受的不幸要严重得多。直到 35 岁，我才为自己选择好准则，并且逐渐认识到自己的选择是正确的，至今我仍然坚持这条路。"最后他绝望地写道："让我的所有著作有益于祖国的希望彻底破灭了……"

据后来的研究者考证，此信可能与 Н.П.鲁缅采夫伯爵有关。鲁缅采夫伯爵是沙皇亚历山大时期著名的政治活动家、外交家、国家一等文官，曾经出任商业大臣、外交大臣、

鲁缅采夫像（Π.B.杰尼索夫《亚金夫·比丘林神父》）

国务会议主席、国务总理等职。鲁缅采夫不仅是一位政治家，还是一位有前瞻眼光的优秀学者，他在1814年退休以后组织过关于俄罗斯考古学、民族学和地理学的大型考察，当时俄国及欧洲许多知名学者都参与其中，收集到了很多珍贵手稿、古币藏品以及稀有的藏书品种，为后来的鲁缅采夫博物馆奠定了丰厚的基础。当时被称作"鲁缅采夫小组"的学术活动家们制定了庞大的东方学研究计划，想通过翻译出版阿拉伯、波斯、亚美尼亚、蒙古等语种的手稿，来拓宽俄罗斯各民族历史研究的资料基础。比丘林与这个学术团体的成员也一直保持着来往。

这样一位学者自然清楚地知道被监禁的比丘林从中国带回了多么珍贵的手稿，清楚地知道比丘林是一位多么有成就的中国通，自然十分关心和怜惜他的命运。于是，在1825年初，鲁缅采夫委托民族学家、芬—乌戈尔学奠基人 A.M.绍格连专程到瓦拉姆修道院会见比丘林。会见中，绍格连了解到比丘林手稿的大部分已经准备好出版，只是需要誊写清楚，但是比丘林在瓦拉姆修道院没有资金和条件。在此会面之后，鲁缅采夫积极参与释放比丘林的活动，并一直斡旋其中。

比丘林发出的另一封信是给他的好友、供职于外交部的 П.Л.希林格，信中他请求对方去自己的图书室帮他找出一些中文书籍以委托他人带到瓦拉姆修道院。П.Л.希林格不仅是一位科学家，还是一位东方历史学家，喜欢收藏东方国家的古物珍品，尤其是中国的手稿。希林格晚年还在认真研

希林格像（П.В.杰尼索夫《亚金夫·比丘林神父》）

究东方民族的古代文献，并花费巨资购买西藏、蒙古、日本的文献珍藏品。1816 年，他在外交部创办了石版印刷，成功调试了满文和蒙文的印刷工序，1819 年，印制出了第一批石印汉语书籍，在可靠性与清晰度上与中国印制的版本毫不逊色。1823 年，又在圣彼得堡出版了儒家经典著作《大学》和《中庸》。希林格是一个东方语言的爱好者，却不通任何一种东方语言。他担心比丘林编纂的词典会葬送在修道院，果真如此，将是学界的重大损失。

作为外交部亚洲司的高官，希林格非常同情比丘林的遭遇，对他的学识更是十分欣赏。因此，他向外交大臣呈报，说在瓦拉姆修道院有一个汉学家被闲置着，而外交部又正好需要这样一个人。外交大臣就此又呈奏新即位的沙皇尼古拉一世，这次非常幸运，尼古拉一世最终批准比丘林到亚洲司工作。

圣彼得堡的朋友们一边为比丘林早日离开瓦拉姆努力奔走，一边为他做一些力所能及的事情。按照规定，驻北京传教团团长回到俄罗斯之后会得到一笔报酬，但是比丘林没有拿到。还是他的这些朋友们，设法为他争取到了这笔款项，4100 卢布。但是，正教会在 1824 年 10 月 21 日给瓦拉姆修道院院长约拿凡的信函中却规定说，目前只能给他 100 卢布，主要用于购买神学书籍，在祈祷和劳作之余阅读，以便提升自己的灵魂，而且这 100 卢布也要凭条支付。

瓦拉姆岛上的日子是清静的，没有文艺沙龙的热闹交流。不甘和无奈中，比丘林一直辛勤地翻译著述，把生活重心放在学术上。甚至于在这里他也没有虚伪地"自我反省"，每当修道院院长叫他去参加晨祷的时候，他便回答："院长大人，您最好自己一个人去教堂，我已经有七年多没受过那种罪了。"修道院院长约拿凡是一位开明善良的人，不仅理解比丘林对学术的执着，还在行动上支持他的学术活动，甚至免去他很多体力劳动。

在岛上的日子里，朋友们还经常利用圣彼得堡和瓦拉姆通航的时间，请轮船工作人员找机会给他送去需要的东西，包括图书和手稿。一封比丘林写给希林格的信即包含了这些信息：

　　尊敬的仁慈的巴维尔·利沃维奇阁下！

　　米哈伊尔·德米特里耶维奇在上一封信中说要给我往瓦拉姆捎我需要的东西。非常感谢您对我的关照。劳驾您将我呈给沃尔孔斯卡娅的感谢信转交给她，还请她谅解，尽管我以诚相待，但是也可能有所冒犯。本人时至今日也无望回归上流社会。

瓦拉姆的帆船8月将再次起航抵达圣彼得堡，届时本人将再次求您给我捎来汉语书籍，因为秋季会无所事事。这次恳请为我带来《西域闻见录》。该书应该在我的私人藏书中，不过米哈伊尔·德米特里耶维奇可能找不出来。期待着您为那位一等文官要求的手稿提出高见。我想，本月27号或者28号帆船将从圣彼得堡驶抵瓦拉姆，只是您未必来得及准备。

致以真诚的敬意！

忠诚的亚金夫神父

6月22日

由于朋友们常给比丘林捎去他所需的图书资料，所以他在岛上的工作从未中断。从他手稿所署的日期看，在瓦拉姆期间，比丘林就开始了《西藏志》、《蒙古札记》、《准噶尔记述》、《北京志》、《成吉思汗王朝前四汗史》、《三字经》、《公元前2282年至公元前1227年的西藏青海史》等许多中国典籍的翻译和整理。这些译著在他获释后相继出版发行。而他的手稿日期显示，《资治通鉴纲目》和《大清一统志》最终翻译定稿都是在 1825 年，也是住在瓦拉姆岛上的时候。

　　经过大家的努力和帮助，1826 年 11 月 1 日，比丘林终于得以离开瓦拉姆岛，返回他所隶属的亚历山大·涅夫斯基修道院。与此同时，他得到了外交部亚洲司的工作职位。在自己的工作岗位上，比丘林每天愉快地和他钟爱的汉语打着交道，忙碌地翻译着来自北京的官方文书。后来，他以其精湛的语言修养赢得了俄国外交部的高度评价："作为一名精通中国语言文化的人，作为一个东方学家，在当时的俄国还没有谁可以与之匹敌。"

　　比丘林在外交部除了认真完成翻译工作，还协助圣彼得堡皇家科学院和外交部亚洲司图书馆整理种类繁多的东方语言类书籍和手稿，编制了

亚历山大·涅夫斯基修道院大门（O.A.尼基金娜摄）

《皇家大众图书馆汉文满文图书目录》，并对目录做了详细的说明，这些都成为图书馆东方文献印制目录的基础。比丘林的这项工作意义重大，使得这些尘封于杂乱纸堆的珍贵东方图书得以为后来的研究者方便使用。

比丘林的生活也终于安定下来，在美丽的圣彼得堡市的一角，沿着涅瓦大街一路向东直到尽头，便是亚历山大·涅夫斯基修道院，在修道院里大教堂附近，比丘林终于拥有了自己的陋室，从此可以"调素琴，阅金经"，也终于回到圣彼得堡的朋友们中间，从此可以"谈笑有鸿儒，往来无白丁"。

比丘林的住所包括两个房间，窗外即是花园。第一个房间，一部分作为厨房，一部分作为客厅。客厅里挂着他身穿修士大司祭长袍的巨幅画像，桌子上摆设着从中国带回的一些手工艺品。第二个房间，一部分作为书房，一部分作为卧室。他从中国带回的一块蓝底红花的中国绸缎制品挂在房间，成为隔开书房和卧室的帷幔。在这个简单而有中国韵味的房子里，比丘林开始了他汉学研究的后半生。时光流淌无声无息，此时，他已年近半百。

第二节　往来无白丁

　　从瓦拉姆岛回到圣彼得堡之后，比丘林关于中国的各类文章就开始不断地发表在《北方档案》、《莫斯科电讯》、《莫斯科通报》、《祖国之子》、《祖国纪事》、《国民教育部杂志》、《内务部杂志》、《俄国人》和《现代人》等当时俄国文化界的一些主流杂志上。

　　还在 1825 年瓦拉姆修道院期间，《北方档案》就已经开始发表他的作品，首先是译文《与 1816 年英国驻北京使馆有关的命令和文件》，翻译了清政府针对阿美士德率领的英国使团在华期间发布的文件。大概是因为比丘林被监禁，译文并没有注明他的姓名，只说明这是来自中国边境的译文。这篇译文在 1828 年的《北方档案》又连载了两期，最后一期的文末才注出了译者名字"亚金夫·比丘林"。这篇长文的刊载，是比丘林对清朝社会现实的关注。

1827 年比丘林发表了一篇很有意思的文章《答维尔斯特先生向克鲁津什特尔恩先生咨询的关于中国的问题》。该文首发在《北方档案》杂志，后来以独立的一章被收入《中国及其居民、风俗、习惯和教育》。克鲁津什特尔恩是一名德裔俄国海军上将，著名的航海家，受沙皇政府的委派，曾在 1803—1806 年间做过一次环球航行，到达中国广东。一名叫作维尔斯特的英国人为了解中国的社会经济状况，在克鲁津什特尔恩行程之前就中国的工业作坊、贸易、贷款、邮政、国家财政等方面向他提出 27 个问题以求解答。行程结束后，克鲁津什特尔恩对维尔斯特的问题一一回答。经历了 13 年半之久的北京生活，比丘林认为克鲁津什特尔恩的回答不无偏颇之处，于是他撰文《答维尔斯特先生向克鲁津什特尔恩先生咨询的关于中国的问题》，对这 27 个问题做出认真解释，以矫正克鲁津什特尔恩对关于中国问题的不正确回答。

试举两例。

第一，"中国人在工艺品方面是不是模仿欧洲人，难道他们会制造钟表？"

克鲁津什特尔恩回答："模仿，但不是完全模仿。他们的工艺品中的象牙制品、玳瑁制品和珍珠贝做得非常精美。金银器具也非常精致。不过他们只会做挂钟而不会做怀表。呢绒也基本上做不好。"

比丘林回答："可以说中国人自己的装饰品达到了完美的境地，如果在欧洲人看来有些粗糙的话，那应该是由于口味的不同，而不是工艺的不足。……中国南方的一些城市能够制造质量一般的挂钟和座钟，怀表是不生产的：其部分原因是原料质劣，更多的是因为缺少欧洲工匠。至于呢绒的加工，中国人会很快掌握技术并成为欧洲人的竞争对手；但是中国没有养羊业。"

第二，"据说雇用工需要付出艰辛的劳动才能养活自己和家庭；手艺人更甚，需要背着工具走街串巷叫花子一般找活儿；很多人住在船上；很多人吃死狗死猫。这些都是真的吗？"

克鲁津什特尔恩回答："人口太多应该是一种罪过，因为那么多的普通民众经常忍受贫困。在这个国家，饥荒是经常发生的。短工和手艺人沿街乞活儿的现象在广东并不明显，不过衣衫褴褛的穷苦人遍地都是。饥饿的中国人吃死狗、死猫，甚至老鼠。这是我亲眼看到过的。"

比丘林回答："从中国众多的人口方面来看，是可以这么说的：劳力的数量远远大于劳动岗位的数量，而众多的人口又远远超过其土地的承载量。不过令人称奇的是，雇用工可以通过自己的劳动养活自己，倒是手艺人，尤其是有家累的，

生活通常比较困难。若没有中国的发达耕作业和南方的两季
种植，若不是蔬菜的重复种植，那么中国可能使一半的人口
面临饥饿的边缘。此外，我们还应该公正地看到中国人的清
醒、克制、积极，尤其是他们的勤劳和忍耐。……至于那些
手艺人，他们凭自己的能力和手艺生存。裁缝、鞋匠等从来
都不是自己沿街找活儿干。泥瓦匠、木匠和其他短工都是到
一定的场所等待需求的机会。小商品和零食食品的卖主、磨
刀工、箍桶工等，他们沿街叫卖是为了满足居民的需求，他
们的叫卖声是为了引起人们注意自己的经过，根本不是携带
自己的工具叫花子一般地祈求人们施舍工作机会。……住在
船上的人有两种：第一，中国南方一些城市里有很多人住在
河流和运河的船上，不过不是因为穷困，而是为了离市中心
近一点。比较好的供居住的船舶通常是非常豪华的，里面的
房间有漂亮的装饰。第二，摆渡过河的主人携带家眷住在船
上。有些穷人吃马肉、驴肉、骆驼肉、猫、狗或其他动物，
不仅是活的，也有死的。我也曾经看到过有人拖着他在大街
上找到的死狗或死猫回家：不过，这是他的需要，或者是他
已经饿得到了死亡的边缘。不过，不要认为这是普遍现象或
者是道德问题。"

　　比丘林如此的解释既充满了对中国的真实了解，也饱含

了他对中国下层民众的深深同情。

就这一选题，比丘林也进行了研究，并且在期刊上发表了两篇文章《关于中国的诸多新闻》和《中国皇帝的日常行政》，也都在 1828 年发表。

1828 年是比丘林硕果累累的一年，这一年，比丘林还发表了另外三篇文章《解决问题：谁是 13 世纪的鞑靼人？》，《答克拉普罗特先生：评克拉普罗特先生关于〈1820—1821 年经蒙古至中国的旅行〉一书的评论和补充》和《蒙古人的古今祈祷仪式》；出版了第一本译著《西藏志》，年底又出版了两卷本的专著《蒙古札记》。凭借这些丰硕的成果，1828 年 12 月 17 日，比丘林顺利当选为圣彼得堡皇家科学院通讯院士。

《西藏志》是比丘林第一本正式出版的著作，译自中国历史地理著作《卫藏图识》。《西藏志》发表之后很快就有述评见诸报端，О.И. 先科夫斯基在《北方蜜蜂》上发表了长文，称赞这本用俄语写成的著作不仅给俄国文献带来了荣誉，这一荣誉同时也属于整个欧洲。

《蒙古札记》出版后受到了学界的高度评价，国民教育部大臣还在 1828 年 11 月 10 日做出批示，为高校图书馆购置该书。《蒙古札记》在书店的售价是每册 15 卢布，而比丘林尽管自己的经济状况一直紧张，还是表示愿意让利于学校，按每册 10 个卢布出售，《西藏志》也是如此，比丘林都在出售给学校时每册让利了 5 卢布。

《蒙古札记》初版时为两卷本，内容分四部分：第一部分主要包括比丘林 1821 年夏天返回俄国时自北京至恰克图的旅行日记。第二部分包括蒙古的地理、气候等自然状况，政治区划、贸易、语言、游牧生活方式、宗教礼仪等社会状况。第三部分叙述了蒙古民族由远古至元朝结束 4000 多年的历史。第四部分是《蒙古律例》的全部译文。《蒙古札记》以其丰富的中文史料和全面的内容取胜，被苏联时期著名汉学家斯卡奇科夫称之为"开启俄国东方学新的一页"的作品。21世纪来，莫斯科等地好几家出版社再版了这部《蒙古札记》。

比丘林另一部关于蒙古史的著作是《成吉思汗王朝前四汗史》，内容节译自《元史》前三卷和《资治通鉴纲目》，该书 1829 年在圣彼得堡出版。

比丘林研究蒙古史的著作在欧洲国家也获得了认可，1831 年 3 月 7 日，他因此入选巴黎亚洲协会会员。

在比丘林之前，欧洲学术界对蒙古史的研究已经有相当长的历史。自 17 世纪末开始，蒙古学在法国已经是为很多学者所关注的研究领域。克鲁瓦根据波斯文、阿拉伯文和欧洲其他文字史料著成四册《古代蒙古和鞑靼人的第一个皇帝伟大成吉思汗史》，这是法国第一部蒙古史的著作。1722年来华的耶稣会士宋君荣翻译了邵远平的《元史类编》前十卷本纪，1739年以《元史与成吉思汗本纪》为名在巴黎出版。同时，还有东方学家德经用中文、阿拉伯文等资料写成的《匈奴、突厥、蒙古及其他西部鞑靼人通史》，冯秉正十二卷《中国通史》的后三卷根据汉、满文史籍撰写的蒙古史。到了19世纪，1824年，巴黎出版瑞典皇家科学院多桑的四卷本《蒙古史》。

在俄国，与多桑几乎同时涉足蒙古史研究的便是比丘林，在此之前俄国在这一领域的研究微乎其微。在18世纪，圣彼得堡皇家科学院聘用的外籍学者中，四位德国人 Г.З. 拜耶尔、G.F. 米勒、I.E. 菲舍尔、P.S. 帕拉斯在蒙古史研究方面奠定了初步的基础，他们搜集了西伯利亚、后贝加尔湖一带和蒙古地区的很多文献史料，出版了几种关于蒙古史的著作，如 G.F. 米勒的《西伯利亚诸王国志》、I.E. 菲舍尔的《西伯利亚史》、P.S. 帕拉斯的《蒙古各部族历史资料汇编》等。进入19世纪之后，圣彼得堡皇家科学院聘用的德国人 I.E. 施密特，基本与比丘林同龄，他将《蒙古源流》译成了德文出版，还在1832年出版了俄国学界第一部俄文版的蒙古语语法。

而比丘林自1821年回国之后便开始发表他一系列关于蒙

古史的文章、译文，尤其是 1828 年《蒙古札记》的出版，奠定了比丘林在俄国蒙古学领域的地位。比丘林是俄国学术界将蒙古历史作为科研对象的第一位俄国人。但多桑主要利用波斯文资料，而比丘林一系列关于蒙古史的翻译与著述则直接来源于中文典籍。比丘林不但大量引入关于蒙古史的中文新史料，还整理了中文史料并将其翻译成俄文，为整个欧洲学界提供了《蒙古律例》这样具有重大价值的史料。比丘林和他的蒙古史译作开启了俄国学术界在蒙古方面的研究。

1829 年，比丘林还出版了《北京志》俄文版和法文版、《三字经》，又发表了《论中华帝国》等文章。

两年间比丘林之所以能够集中发表和出版这么多作品，一是在中国期间已经做了大量的工作，有的已经完成初稿，而在瓦拉姆的三年多时间他又付出了很多心血，完成了好几部作品的定稿。1826 年的冬天，比丘林走出了瓦拉姆岛，此后，他的作品便像渴望高飞的风筝遇到了春风和蓝天，在阳光下漫天飘逸，飞翔在俄罗斯学界的上空。

比丘林关于中国的每一篇文章，每一本著作，一旦面世，都会引起文化界的极大关注。一些杂志的主持人如 О.И. 先科夫斯基、Н.А. 波列沃伊等不但成了比丘林作品的评论人，还成了他的好朋友。比丘林也因此结识了更多的文化精英，

《比丘林和俄国作家 H.B.果戈里》，油画，比丘林博物馆藏

如诗人 A.C.普希金、作家 И.A.克雷洛夫、诗人 K.H.巴秋什科夫、讽刺作家 И.И.巴纳耶夫等。

　　在一些作者的回忆录里，常常能够阅读到这样的情景：在他们的家庭聚会上，有一位"稀稀疏疏的胡须呈楔形、深褐色头发、棕色眼睛，稍有凹陷的消瘦的双颊、微微突出的颧骨"的酷似"亚洲人脸庞"的人神采飞扬、高谈阔论，"把中国都捧上天了"。这就是比丘林。他总是这样兴致高昂地向大家介绍自己所看到的、不同于欧洲传教士描绘的文明而法制完备的中国。无疑，比丘林是他们当时了解包括中国在内的整个亚洲的最好途径。在他们眼里，比丘林是天才的汉学家、中国的崇拜者。

17 世纪末 18 世纪初，俄国受到欧洲启蒙思想和自由主义思潮的冲击，法国大革命后的法兰西第一帝国对俄国的影响尤为深远。1805 年，法国、俄国、奥地利三方发生了奥斯特里茨战役，俄国惨败于法国，这一事件使得国内的自由主义思想更为高涨。一批具有民主主义思想的贵族军官于 1821 年成立革命组织，谋划起义，主张推翻沙皇，废除农奴制，建立共和国或君主立宪政体。趁沙皇亚历山大一世突然死亡，1825 年 12 月 14 日，革命组织先后在圣彼得堡和乌克兰发动起义，但是都遭到失败。因为事件发生在俄历十二月，故这些贵族革命家被称为"十二月党人"。十二月党人大部分是激进的知识分子，他们关心国家和民族的命运。H.A.别斯图热夫就是其中的一个。

比丘林与 H.A.别斯图热夫相识在一个文化沙龙，从此成为好友。比丘林十分珍惜与他的友谊，直到去世都将他所赠送的念珠挂在胸前，而念珠上的十字架正是别斯图热夫用自己的手铐做成的。1825 年十二月党人起义失败后，H.A.别斯图热夫等人被流放到西伯利亚，比丘林和希林格于 1830—1831 年间赴东西伯利亚考察时曾经设法秘密地去看望他。

比丘林与当时影响整个俄国社会的知识分子的交往，其影响和作用是双向的。普希金从比丘林题名赠送的《西藏志》和《三字经》里初步认识了中国，将"长城"、"孔子"等字眼写入了自己的诗行，并且一度希望前往这个长城脚下的东方国家。此外，普希金在 1833 年 11 月开始撰写长篇历史小说《普加乔夫暴动史》时还使用了比丘林提供的手稿来描写卡尔梅克人逃亡的历史事件。

比丘林关于中国的作品引起俄国人对中国的关注，也吸引了旅俄外国人的注意。英国人乔治·博罗即是其中的一位。乔治·博罗于 1833—1835 年住在圣彼得堡，为的是帮助不列颠圣经学会联系出版满语《圣经》事宜。他到达圣彼得堡之后很快与外交部亚洲司的希林格、比丘林等东方学家相识并建立了诚挚的友谊，通过抄写希林格所收藏的满语《旧约》手稿，最终完成了自己的使命。在圣彼得堡的两三年时间里，乔治·博罗甚至跟比丘林学习汉语，梦想自己有朝一日能到达长城脚下，并在那里度过自己的余生。比丘林教乔治·博罗学汉语的同时，又反过来跟他学习了英语。

与比丘林交往的国外汉学家还有德国著名学者洪堡。这位学者认为比丘林不仅仅是一位汉学家，还可以把他看作永不枯竭的地理文献宝库。大约在 1829 年，洪堡结识了比丘林和其他俄罗斯东方学家，之后一直和比丘林等人保持学术上的联系。经洪堡的推荐，法国汉学家儒莲也认真阅读比丘林的著作，还因为翻译中国历史文献中的一些问题向他请教。在 1841 年 11 月 12 日给儒莲的回信中，比丘林解释了吉约姆·鲍狄埃在翻译有关印度汉语文献时所犯错误。儒莲在自己的著作中全文引用了这封信，并写道："当欧洲汉学泰斗亚金夫·比丘林在给我的信中颠覆了鲍狄埃先生的翻译体系，哪怕是不懂语言的人，都不会相信他的荒唐译文。"

作为一名学者，比丘林与俄国的社会精英广泛交游，如鱼得水，而作为一名基督徒，比丘林的心中却装满了凡夫俗子的复杂感情。比丘林回国后与亚历山大和塔季扬娜一家仍然是亲人和朋友，而亚历山大和塔季扬娜每年夏天到圣彼得堡远郊的别墅避暑时，也会邀请比丘林前来团聚。这时候的比丘林总是身着一套中国服装，手捧一杯中国茶，在别墅中那个中式凉亭里进行他的汉学研究工作。在那里，他还常常给大家讲中国故事，讲中国人智慧的教育方式，也积极地教孩子们学习汉语。

不仅如此，比丘林在亚历山大和塔季扬娜家度假的时候，还曾经脱去僧服，化装成常人，与家人、邻居一起偷偷潜入剧院，看他所欣赏的一位女演员的芭蕾舞演出，也用同样的方法去听过意大利歌剧、演唱会。对于一名神父来说，在当时这是绝对不允许的。无怪乎他的侄孙女莫列尔回忆说："我记得，爷爷虽然是教徒，但是他从来不吃斋。他非常不喜欢斋饭，甚至不能闻到斋饭的味道。斋戒的时候他只坐在桌旁，任何饭菜都不动一下。……每逢礼拜日或者节日，大家都去教堂，几乎每个家庭在那里都有比较固定的位置。我们经常去教堂，但是我一次也不记得爷爷去。相反，我感到奇怪，甚至很惊讶，身为修道士的爷爷从来也不去教堂，也不参加任何祈祷仪式。听母亲讲了很多他的故事，我有时候很仔细地端详他，的确发现，他不仅不像修道士，甚至连一般信徒的脸也不像。"作为一名修士大司祭，宗教在比丘林心中究竟占有怎样的位置，我们不得而知，同样也没有他个人的文字来佐证，不过，他极力反对莫列尔母亲将小莫列尔送往修道院学习。在回忆里，莫列尔说："尽管爷爷是一名修士"，但他"从来不吃斋"，而且，"不进教堂，甚至不划十字，对僧侣生活简直是憎恨"。

比丘林的感情是丰富的，他的生活也是充实的。除了与亲戚的相依相伴，与朋友们的集会交流，汉学研究，才是他生活的重心。

第三节　执教恰克图

1830 年初，希林格科学考察团赴中俄边境城市恰克图，考察中国西部和北部边疆地区居民分布及贸易状况，研究东西伯利亚地区喇嘛教教会的情况。出于语言翻译的需要，外交部亚洲司邀请比丘林参加，比丘林欣然同意。2 月 19 日，考察团从圣彼得堡启程前往恰克图。

比丘林之所以非常乐意前往恰克图，是因为除了完成此次考察的翻译任务之外，他还另有宏大计划。他计划编写汉语语法，在恰克图方便联系到中国人，方便从中国人手里得到所需要的资料。他还计划请中国人帮助他誊写译成俄语的汉语词典，另外还要搜集一些论著所需的资料，勘察东西伯利亚一带的中俄边境线。除此之外，比丘林还计划搜集一些蒙古语资料，了解俄国境内蒙古人的生活方式和风俗习惯。最后，他还计划在恰克图用自己编写的《汉文启蒙》授课。

1830 年 8 月，比丘林再次来到恰克图。商人 H.伊古姆诺夫等人非常高兴比丘林的再次到来。于是，根据他们的要求，尽管恰克图汉语学校尚未正式成立，但比丘林还是招收了 12 个恰克图商人的孩子，开始了教学活动。这些孩子在比丘林的帮助下学习了将近一年的汉语，学会了汉字的书写，有的还可以用汉语交流。比丘林的教学活动奠定了后来恰克图汉语学校的基础。

在恰克图期间，比丘林除了教学，还做了一件重要的事情，那就是申请脱离教会。比丘林本人没有留下任何文字，显示他受了十二月党人或者其他知识分子的影响，尽管年过半百，他依然做出了脱去僧服的决定。在 1831 年 9 月 9 日，也就是自己 54 周岁生日的那一天，比丘林向正教院递交了请求免除教职的申请。他写道："修士的身份影响我尽心竭力于公务，因公务奔波于世俗生活之中也干扰我灵魂的修炼；而且，由于与生俱来的人性弱点，我不能很好地履行修士的诺言。不幸的是，多年的人生经验令我对此确信不疑。为了抚慰良心，我拟倾心于学术，谨请正教会免除我的教职。"

关于比丘林解除教会职务的事情，实际上早在 1826 年他到外交部任职之前就提出过。最初建议他解除职务的是外交大臣涅谢尔洛德。涅谢尔洛德认为，如果免除比丘林的教会职务，让他在外交部世俗职位供职，他将会把自己的才能和知识贡献给科学，给国家带来益处。涅谢尔洛德的建议像一粒小火种，引燃了比丘林心中涌动的火苗，从此便再难以熄灭。然而不幸的是，和上次判其监禁一样，来自正教会的意见不是最苛刻的，苛刻的最终决定来自沙皇，尼古拉一世命令比丘林仍然居住在亚历山大·涅夫斯基修道院，而且不得脱离教会管制。

1832 年 6 月，希林格伯爵又求助于外交大臣涅谢尔洛德，请求他为比丘林向沙皇求情。与此同时，比丘林自己也写了一份呈给外交大臣涅谢尔洛德的正式申请，请求免去他的教会职务："亚金夫尊重圣上的旨意，但是内心极度忧伤，不以自己意志为转移地对修道士誓言的背离折磨着我的良心。"他"试图再一次讨扰圣上，诚心敬意地恭请圣上免除他的教会职务"，保留他在外交部的任职。结果可想而知，他再一次被拒绝了。

1831 年秋，希林格考察团完成任务，比丘林将与考察团一起返回圣彼得堡。这时恰逢第十届传教团从北京返回，途经恰克图，第十届传教团的学生孔德拉特·克雷姆斯基在比丘林的推荐下承担了他在恰克图汉语学校的教学任务。

在 H.伊古姆诺夫等人的努力下，1832 年 11 月 28 日，外交部亚洲司下达建立恰克图汉语学校的命令。学校归财政部对外贸易司管理，恰克图海关监管，学制四年，主要由克雷姆斯基执教。比丘林不但亲自教学，还为这所汉语学校编写了语法教材《汉语语法基本规则》，编写了儿童汉语会话书籍。

1832 年年初，比丘林从恰克图返回到圣彼得堡，他继续苦研汉学。1833 年，他出版了《西藏青海史》。该书内容摘译自《廿三史》和《资治通鉴纲目》，分为两卷。《西藏青海史》与《西藏志》大量注解的翻译风格不同，基本上是对中国部分典籍的直译，评论家波列沃伊称赞该书为"一个重要的里程碑"。这一年还发表了一篇文章《评中国和中国人》。这篇文章是对 П. В. 多别里作品《在中国、马尼拉和印加群岛的旅行与最新观察》的书评。多别里是一个旅行家、商人，曾经担任俄罗斯驻太平洋菲律宾群岛总领事，1828 年回到圣彼得堡以后写了该书。比丘林首先赞赏了多别里对中国南方的丰富描写，同时也指出，多别里轻信旅行家们的资料，书中对中国人的描述有很多失实之处，并对这些失实之处给予了自己的解释。

之后，他又紧张地准备《15 世纪至今的卫拉特，即卡尔梅克人历史述评》和《汉文启蒙》的出版工作。《15 世纪至今的卫拉特，即卡尔梅克人历史述评》一书于 1834 年出版，书中利用俄国鲜见的中文史料，讲述了卫拉特人的历史变迁，是俄国学界研究卫拉特蒙古历史的第一人。因该书的出版，比丘林第一次获得了圣彼得堡皇家科学院杰米多夫奖。杰米多夫奖是1832—1865年间圣彼得堡皇家科学院设立的科学奖项，用来奖励科学、技术和艺术领域的优秀作品。比丘林一生的辛苦写作得到了俄国文化界和官方的高度赞誉，作品在国内曾前后五次获得杰米多夫奖。

《汉文启蒙》于1835年出版，是俄国第一部比较完整和系统的汉语语法著作，奠定了俄国汉语语法教学的基础。这本书出版后一直作为恰克图汉语学校、喀山大学东方学系汉语教研室和圣彼得堡大学东方语言系的教材。作为20世纪俄罗斯驻华传教团成员学习汉语的教科书，《汉文启蒙》于1908年在北京第三次出版。

1830—1832年考察西伯利亚地区，其实是比丘林有着自己的小"私心"，而考察团完成任务之后他又要求一起返回圣彼得堡，而不是留在恰克图继续教汉语，同样是因为自己的小"私心"。因为比丘林听说当时浩罕汗国的使者正在访问俄罗斯，由于一直在翻译和研究中亚民族的历史，他梦想去中亚一带进行学术考察，所以，他渴望借此机会前往浩罕汗国。他请希林格联系外交部，希望能够任命他作为护送浩罕汗国使者返程的人员，想借此中亚之行完成自己的考察计划：考察吉尔吉斯草原上的古建筑，确定它们属于什么民族，弄清它们存在的时间，找到它们与中国史书记载相吻合的历史事件，然后再根据中国史料进行研究。然而，比丘林所期望的中亚之行最终没能实现。

回到圣彼得堡的比丘林，向外交部提交了两篇考察报告《关于俄罗斯和中国的贸易状况》和《英国人在中亚的贸易》，分析了中俄边境地区的贸易特点，提出了关于扩大两国边境贸易的看法。然而外交部对此兴趣不大，这大概也是未批准比丘林护送浩罕汗国使者返程的原因之一。充满神秘和浪漫的中亚，虽然与广袤无垠的西伯利亚连为一体，然而，却是比丘林一生未曾到达的远方。

1834 年年初，恰克图海关官员请求亚洲司派遣比丘林前往恰克图汉语学校，帮助制定教学制度，"哪怕是一两年也好"。1835 年 2 月，沙皇同意立即派遣比丘林前往恰克图。临行前，比丘林将自己珍贵的图书和手稿交给好友希林格保管。不幸的是，1837 年 6 月 25 日，希林格突然病逝，而比丘林此时还在恰克图。两位热爱东方学的好友阴阳两隔，从此再无机会讨论关于中国的一切。

从圣彼得堡出发前往西伯利亚，要先南行至莫斯科，再一路东去。莫斯科东行大约 700 公里的地方，便是比丘林的故乡，伏尔加河畔的楚瓦什人聚居地，喀山省。比丘林很高兴再次路过故乡，在喀山的短暂停留中，他愉快地拜访了自己的朋友，喀山大学东方学系的 A.B.波波夫，遗憾的是没有见到他想见的 O.M.科瓦列夫斯基。喀山大学是俄国东方学研究的最早机构之一，1807 年设立了阿拉伯—波斯语、土耳其—鞑靼语和蒙古语教研室，是欧洲大学成立的第一个蒙古语教研室，1833 年东方学系成立，1837 年东方学系又设置了汉语教研室。比丘林和喀山大学东方学系的朋友们一直在学术上互相交流，互相帮助。

走过喀山，又来到曾经生活过的伊尔库茨克。在伊尔库茨克，比丘林也做了短暂停留，他还把自己留言的作品送给了当地的朋友们，有几本后来被伊尔库茨克国立大学图书馆收藏。

抵达恰克图之后，比丘林立即投入了学校的工作，恰克图汉语学校终于在 1835 年 5 月 16 日重新开学。比丘林向学校图书馆赠送了他出版的全部学术著作，还赠送了一些珍贵的中文、满文和蒙文图书。

作为恰克图汉语学校教学组织的负责人，比丘林制定了整个四年期间的汉语教学大纲。这份名为"恰克图汉语学校教学大纲"的文件至今还保存在赤塔区国家档案馆。教学大纲分六个部分规定了汉语教学的各个阶段，学生分四年完成所有的课程。第一年讲授汉语语法，比较汉、俄语法针对同一客体在用法上的异同；第二年学习贴近恰克图商业阶层的简单对话，通过在对话中运用汉语语法规则进行汉语语法复习，使学生更加自如地用汉语表达自己的思想；第三年让学生学习扩展对话，翻译简易课文；第四年训练汉语口语，使学生明白在日常用语中汉语词形与短语的扩展用法，注意语体上的区别。

比丘林的汉语教学从实用的目的出发，以培养商务中文翻译为目的，整个教学进程要求学生同时掌握口语和书面语。作为一个学校，课程的设置不能全部为汉语，为了学生知识结构的完整，比丘林还给学生开设了宗教课、俄语课和算术课。第一年恰克图汉语学校共招收了 22 名商人和市民的孩子，7 ～ 21 岁不等。

除了《汉文启蒙》，比丘林还编写了 18 组贴近当地生活的汉俄对话，把恰克图贸易中所有进出口货物名称译成了汉语，编写了汉语语法的第二部分，把四卷本的汉语字典译成了俄语，为方便学生检阅，还编排了字母顺序表。

1836 年新年伊始，比丘林就想回到圣彼得堡，但是直到

1837 年年底才得到亚洲司的批准。之后，他把恰克图汉语学校移交给克雷姆斯基管理，返回圣彼得堡整理出版。他所创办的恰克图汉语学校在克雷姆斯基的领导下存在了 35 年之久，直到 1867 年财政部将其关闭。比丘林在恰克图的教学活动是俄国早期汉语教学的成功尝试，更为后来汉语作为一门课程的教学工作提供了典范。

比丘林于 1838 年 1 月回到了圣彼得堡。这一年，他已 61 岁。花甲之年的比丘林仍然一如既往地热情工作、著述。值得一提的是，由于有早年协助科学院和外交部图书馆整理东方书籍和手稿的经验，1839 年 2 月 15 日，科学院又请他承担编制汉文、满文、日文图书及手稿详细目录的任务。这些珍贵的图书是希林格的藏书，大概 314 种，2600 卷，其中包括蒙古学家 A．B．伊古姆诺夫的珍贵藏书、手稿，有大量的蒙古古代文献，也有驻北京传教士收集的经典文献。这些藏品在希林格去世之后一并归入了圣彼得堡皇家科学院亚洲博物院图书馆。

第四章

老骥伏枥

半世辛勤耕耘，终于换来硕果累累。比丘林大部分著作的出版都在他花甲之后。与其令人喜悦的学术成果相比，比丘林晚年的生活可谓艰辛凄凉，令人心酸，尤其是离世之前的最后时光无人照顾，孤苦伶仃。比丘林是带着遗憾离世的，尽管好像拥有俗世生活，其实至死也没脱去修士的帽子，没能变成真正意义上的自由人……

第一节 硕果累累的暮年

比丘林非常欣慰的是，1838 年回到圣彼得堡之后很快就出版了《汉文启蒙》的修订版。本来《汉文启蒙》早在 1834 年 9 月就通过了付印批示，但因比丘林于 1835 年初前去恰克图，没有合适的人可以担任编辑而拖了下来。还有，出版资金预算也出了一点小问题，因此印数由原定的 600 册变成了最终的 360 册。新版《汉文启蒙》印制精美，当时就被很多人赞赏说精美到"以至于在恰克图看到该书的中国人都赞不绝口"，"它的精致、美观丝毫不逊于北京皇家制作的版本"。更为重要的是，《汉文启蒙》受到了圣彼得堡皇家科学院的高度评价，第二年 4 月，科学院因该书授予比丘林第二次杰米多夫奖金。

第二次在恰克图教学期间，差不多两年半的时间，比丘林除了勤勤恳恳地教学，还有条不紊地按照自己的计划完成了很多翻译和写作。所以回到圣彼得堡之后三年里，他发表了十几篇文章，还在卡尔松斯基的女儿，他的表侄女索菲亚·米奇科娃的大力资助下出版了专著《中国及其居民、风俗、习惯和教育》。

《中国及其居民、风俗、习惯和教育》是比丘林第一本全面描述中国的著作，也是俄国人第一本面向普通大众的关于中国的读物。自17世纪早期 И.Ф.彼特林的《中国、腊宾及其他定居和游牧国家、乌鲁斯诸国、大鄂毕河、河流和道路一览》，17世纪晚期 Ф.И.巴伊科夫的出使报告和 Н.Г.斯帕法里的《中国及其省市所在之天下第一洲亚洲记述》等使节报告，再到俄罗斯第二届驻华传教团罗索欣和第三、四届传教团列昂季耶夫翻译的《中国可汗康熙征服鞑靼游牧民族史》、《八旗通志》、四书，没有哪一种广泛流传到普通读者中间。

然而，在18世纪，俄国上流社会和知识阶层对中国有一种超乎寻常的热爱，皇宫贵族的中式凉亭、精致的瓷器、华丽的丝绸都是他们追逐的中国风。而他们对中国的认识根本不是来自俄国人自己的观察和描写，他们脑海里对中国的模糊印象往往是从欧洲耶稣会士或旅行者的文字中得到的，或者说根据他们的文字想象出来的。比丘林的《中国及其居民、风俗、习惯和教育》在俄国的出版则改变了这种现象，它是俄国人根据自己亲身经历中国生活之后写成的，是俄国第一本面向普通民众的出版物。

之后，比丘林其他著作陆续一本本地面世，尽管出版的过程都是比较艰难的。比丘林在外交部每年都有 1200 卢布的薪俸和 300 卢布的著作补贴，但是这些钱是很有限的，维持基本生活之后的少量剩余不可能支付出版费用。因此他大部分著作的出版都要或多或少地依靠各方的资助。1828 年的《西藏志》是在 3.A.沃尔孔斯卡娅公爵夫人的资助下出版的，因此在扉页上有"献给季娜伊达·阿列克山大洛夫娜·沃尔孔斯卡娅公爵夫人"的字样。1828 年，外交部曾拨款 900 卢布用于出版《蒙古札记》，还不定期地发放奖金支持他的学术工作，1829 年发过 1500 卢布，1838 年发过 4000 卢布。1842 年《中华帝国详志》面世，这部著作的出版也很令他费心费力。在给朋友的信中，他无奈地说："一冬天我都是疾病缠身，没有力量工作。……我觉得自费出版《中华帝国详志》需要 7000 卢布，似乎连一半都难以凑够。"更令人失望的是，在出版前的征订工作中，整个俄罗斯只有一位华沙的官员订了一本。

1842 年《中华帝国详志》终于出版了。这本著作描述了中国的历史、经济、社会、地理、民族、法律及军事等内容，是一部百科全书式的著作。该书使用了丰富的中国史料，如《大清一统志》和《资治通鉴纲目》等。《中华帝国详志》尽管出版周折，但是优秀的著作最终还是得到了科学院的肯定，《中华帝国详志》再次给

З.А.沃尔孔斯卡娅公爵夫人（П.В.杰尼索夫《亚金夫·比丘林神父》）

比丘林带来了荣誉，出版的第二年，他因该书第三次获得杰米多夫奖金。

　　尽管学术工作是比丘林整个人生的重心，但是他是外交部的翻译人员，所以他总是兢兢业业地完成自己的本职工作。1839年9月至12月初，比丘林承担了俄罗斯赴北京第十二届传教团出发前的语言培训任务。优秀的汉学家巴拉第·卡法罗夫、В.П.瓦西里耶夫等人都是这一届学生，他们和其他几位专注于汉学研究的人一样，不管在北京还是回国以后都一直和比丘林保持密切的学术联系。可以说，比丘林之后成

为优秀汉学家的传教团成员，都和比丘林的名字有关，他们无一不是从阅读他的作品开始创作的。

1844年，比丘林又出版了另一部著作《中国农业》，书中附录了70多种中国农具的图片。该书主要取材于《授时通考》。比丘林之所以写这本书，是因为他自己认为，中国的《授时通考》出版时"欧洲还没有如此详细的农业著述，这是中国人在这个领域的荣誉"。书中分为九个章节，详细介绍了"在中国受到尊敬的"自"神农"开始的农业史。但是《中国农业》一书出版后一直受到冷遇，几乎没有人对中国农业感兴趣。

《中华帝国详志》和《中国农业》两本书是在没有任何资助的情况下出版的，比丘林个人承担了近2500卢布的巨额亏损。《中华帝国详志》售出大约30册，而《中国农业》售出还不到15册。对于这两本书的处境他深感无奈，但是他还是全力以赴，专注于自己的汉学事业。

1844年末，比丘林又完成了两本著作的书稿《中国民情与风尚》和《儒教概述》。这时候，他已年近70岁，享誉俄罗斯学界，却还在为自己著作的出版而愁苦。由于手里的卢布有限，他把两部书稿交给了外交部，希望能得到出版资助，但是这个希望落空了，外交部和科学院都没有给予支持和帮助。尽管《中国民情与风尚》一书在 1845 年就通过了书刊检察机关的审查，但是因为出版资金的无着落而拖了下来，直到 1848 年才由一个叫作 В.Ф.巴祖诺夫的出版商资助出版。

《中国民情与风尚》和其他专著不同的是，它的面世引起了学界的热烈反响，著名的 В.Г.别林斯基等人发表了六篇书评，就连对比丘林一向尖刻的 О.И.先科夫斯基也在批评之余大加赞赏。《中国民情与风尚》还给比丘林带来了第四次杰米多夫奖金。

而让人揪心的是，《儒教概述》一书的出版资金一直寻觅不得，比丘林不得不放弃《儒教概述》的出版计划。在这本书里，比丘林叙述了中国人的祭祀行为，还详细介绍了北京的天坛、地坛、日坛、月坛、先农坛、太庙、社稷坛、先师庙、关帝庙、文昌庙等数十处殿堂庙宇的独特功能，内部众多牌位的设置等。遗憾的是，《儒教概述》一书在他生前竟然一直未能面世，直到 1906 年，才由驻华传教团在北京刊行。

比丘林最具重量级的著作是 1851 年出版的三卷本《古代中亚各民族资料汇编》，出版至今，一直被俄国学者奉为"研究中亚民族的案头必备之书"，被赞赏为阐述复杂历史问题广、引用历史文献数量大、翻译汉语文献准确又全面，它包含了比丘林 1821 年从北京回国以后的 20 多年里搜集整理的汉文史料中关于古代中亚各民族的全部资料。

三卷本《古代中亚各民族资料汇编》的出版一如其他著作，也费了一番周折。对于搜集整理了 25 年的资料，比丘林计划"按照历史顺序梳理并出版"，服务于以后的研究者。他希望取得科学院的支持，于是 1846 年年初，比丘林给科学院常任秘书 П.Н.富斯写了一封信求助，并在 1846 年 1 月 21 日亲自送去，并附了一篇关于浩罕汗国的文章请科学院审阅。《古代中亚各民族资料汇编》的选题理所当然地得到了科学院的肯定和赞许，之后双方约定，用三年的时间完稿。于是这位患有风湿疾病的 70 岁老人又充满激情地准备下一次出版工作了。

在之后的三年多时间里，比丘林一直忙于该书的资料翻译、整理，绘制地图等工作。繁重的工作终于在 1847 年底结束。

1848 年 1 月 7 日，科学院委托喀山大学的科瓦列夫斯基教授给比丘林新作写评语。《古代中亚各民族资料汇编》书稿被科瓦列夫斯基评价为"汉学界独一无二的创造"，"东方学的重要成果"，它将为历史学家们提供"崭新的、丰富的历史研究素材，而如此有益的皇皇巨著获得的褒奖将给我们的国家带来殊荣"。1849 年 4 月，科学院因此书第五次授予比丘林杰米多夫奖金。由于文字及插图排版复杂，印制过程延续了近一年半的时间，科学院不得不第二次拨付追加资金。三大本的《古代中亚各民族资料汇编》终于在 1851 年面世。

《古代中亚各民族资料汇编》面世之前，法国最早出现西域民族研究，18 世纪末 19 世纪初德经出版了五卷本的《匈奴、突厥、蒙古及其他西部鞑靼人通史》，1820 年与比丘林同时代的 J. P. A. 雷慕沙在巴黎出版了《于阗城史》。除此之外，重点研究西域的著作便不多见。比丘林根据中文史料编辑的《古代中亚各民族资料汇编》第一次为俄罗斯和整个欧洲学者带去了来自古代中国对西域多民族的记载，与在此之前几个世纪出现的希腊文、拉丁文、突厥文等文字记载交相映证，极大地丰富了研究者的史料范围。

关于中国边疆民族的作品，除了以上几种著作，比丘林还发表了几十篇文章和书评，留下了手稿《东亚中亚史地资料汇编》，后来由俄罗斯当代著名历史学家 Л.Н. 古米列夫和 М.Ф. 何万整理编辑，于 1960 年在他的家乡切博克萨雷出版。

比丘林关于中亚民族的翻译和著述之丰厚在当时的欧洲是非常罕见的，尽管克拉普罗特对比丘林的作品不无批评之处，尽管两位东方学家之间总是产生分歧和论战，但他还是不由得感慨说："亚金夫神父一个人做了整个学术界才能做的事情！"

比丘林不是坐在书斋里的书虫，他是一个重亲情、重友情、生活充实的人，年迈的他还是一如从前。工作之余，他经常在自己的住所里接待各方亲友，给他们泡上一杯来自中国的绿茶，跟他们讲述一些遥远东方的故事。据莫列尔女士回忆，老人们开玩笑说，亚金夫神父不仅说中国话，思考甚至说梦话都是用汉语。人们还说，他的长相还有言谈举止简直就是一个中国人，特别是第二次从恰克图回来之后，真是彻底中国化了，甚至他的脸和胡须都是中国式的。

莫列尔女士在《孙女遥远回忆中的亚金夫·比丘林》里的一段描写尤其有趣：

> 一提起中国，或者亚洲，他简直判若两人，他开始滔滔不绝起来，陶醉而兴奋，忽地站起来，大步快走着，一会儿放下手中的雪茄，一会儿又吸几口。我记得谈话非常热烈，吵吵嚷嚷，争执不休，但是争论的内容我已经忘得干干净净了。只是还清楚地记得亚金夫神父说话的一些特点。比如，如果他不喜欢谁的意见，他就很激动地说："跟您没有什么好说的，简直跟欧洲人如出一辙！见鬼！"愤

愤地补充着，还挥着手。然后开始抽雪茄，再也不说话。

　　相反，如果他欣赏谁的论断，情绪激昂，热情洋溢，赞不绝口："真好，绝妙至极！这完全是亚洲式的。你这种合情合理的观点就像亚洲人的一样！"

　　有时也这样说："最好不用讨论了，这完全符合中国人的观点！千真万确！您说得完全对！您的见解完全是亚洲式的！"他认为这是至高无上的褒奖。他认为尖刻无比的贬斥则是："是的，这是彻头彻尾的欧洲人的观点！您是不折不扣的欧洲人，全是欧洲人荒诞无稽的论调！"

比丘林如此浓厚的中国情结，被莫列尔女士描写得淋漓尽致。

莫列尔女士还记录了比丘林的饮食习惯：他的早饭一成不变，鸡蛋或酸奶，从来不吃面包，午餐和早餐时都要喝一杯红酒。他不喝伏特加，但是很喜欢喝香槟。午饭后大概一个小时的时间和大家在一起，抽雪茄，饮酒，聊天。

第二节　凄凉的晚景

　　由于路途遥远，远在楚瓦什的家人和比丘林来往很少，而居住在圣彼得堡附近的表兄卡尔松斯基一家一直是他来往密切的亲人。卡尔松斯基于 1800 至 1802 年间在喀山神学院任职，1803 年离开神学院到奥伦堡任职军部总监课员，后来由于职位晋升调到圣彼得堡。

　　比丘林刚刚走出瓦拉姆岛不久，1827 年，48 岁的卡尔松斯基就不幸离世。比丘林第二次从恰克图回到圣彼得堡只有两年多的时间，1840 年 3 月，塔季扬娜也溘然长逝。此后，他们唯一的女儿索菲亚·米齐科娃，以及他们的外孙女莫列尔仍然和比丘林保持着亲密的关系。莫列尔女士回忆道，母亲多次讲到亚金夫神父和外婆的爱情故事，最后都会感慨地说："亚金夫神父对我母亲的那种爱啊，现在人不再有那样的爱情了！他一生真心爱着的只有她一人。为了她，他当了修道士；他在中国那么多年像是消失了，后来竟然有缘在她晚年陪伴她。"

　　1844年之前，每年的夏天比丘林总是和卡尔松斯基一家到维堡附近的别墅里度过。芬兰风格的维堡小城距圣彼得堡100多公里，周边风景优美，安静闲适，卡尔松斯基一家的别墅坐落在这里。这处幽静的别墅有一片美丽的果园，果园深处矗立着一处别致的中式凉亭，比丘林将凉亭变成了自己的书房，到处摆满了书籍、手稿和地图。在这里，他喜欢独自静处，沉醉于自己热爱的翻译和写作之中。工作之余，他经常和家人、朋友去附近的森林里散步，享受大自然的清新。

　　1845年之后，卡尔松斯基女儿索菲亚·米齐科娃一家将夏季休憩地搬到了一个叫穆里诺村的地方。这也是一个非常安静的村落，坐落在优美的鄂霍塔河多林地带，风景如画，距离圣彼得堡十多公里。此后每年的夏季，比丘林一如往年，和侄女索菲亚·米齐科娃一家驱车前往穆里诺村，在宁静的乡间静享数月美好时光，直到深秋折返圣彼得堡。在穆里诺村的家里，和维堡别墅一样，比丘林也有一间用来工作的房间，他还是在那里忘我地工作。他非常喜欢这个静谧的小乡村，和村民们友好相处，他经常向老弱病残者赠送钱币和礼物。穆里诺一带的人们都很喜欢他，亲切地称他为"伊吉姆神父",经常带他到远处的密林里采蘑菇。

在索菲亚·米齐科娃家里,比丘林成了孩子们的"保护伞和靠山"。他反对严厉对待孩子,尤其反对体罚。他说,中国人从来不打孩子,中国人都很聪明,都是好人。他非常喜欢孩子,对他们很是温柔,总是记得给孩子们带来可心的小礼品,每逢佳节还送给孩子们贵重的礼物。在侄孙女莫列尔结婚的时候,敬爱的亚金夫爷爷不仅送了她一笔钱作为贺礼,还送了贵重的皮衣。

19世纪40年代,年近70岁的比丘林身体开始衰弱,而

穆里诺村的圣叶卡捷琳娜教堂(O.A.尼基金娜摄)

且患有风湿等多种疾病。尤其是 40 年代后半期，健康状况更是每况愈下，还有轻微的老年痴呆，反应迟缓，很是健忘，常常记错自己的年龄。1848 年之后，他便不能每年都前往郊外别墅与亲人们团聚，只能待在修道院那个小小的居室里。这个小小的居室，竟然是他最后的憩息地。比丘林最后一次和莫列尔一家在穆里诺村度假是 1851 年的夏季，据莫列尔回忆，就在这一年的 8 月，74 岁的比丘林竟然进行了几次勇敢的"探险"。

距离穆里诺很远的地方有一片森林，森林深处有一处沼泽地，夏天生长着种类繁多的蘑菇和浆果。但传说去那里的人都会被林妖带到密林中，他一定会迷路。强烈的好奇心竟然促使这位老人亲自去验证，于是比丘林一次次地朝着沼泽的方向走去，又一次次地迷路，被当地的村民送回家。哪知他好像见不到林妖不甘心，有一天他再一次独自出门了。这最后一次出门，比丘林竟然失踪了，夜幕降临之后还没有踪影，大家害怕了，整个穆里诺村都笼罩在恐慌之中。家人和村民们手持火把去森林里寻找，找了整整一夜，最后在黎明时分才在林边找到了他。他躺在地上，毫无知觉，双臂向后被绳子绑在树上，脚也被绳子捆绑着。自此，他病了，经常昏迷。后来他回忆这个故事的时候，总是坚定地认为把他带进森林的是两个妖怪，一个是穿红裙子、长辫子的村姑，一个是穿红衬衫的小伙子。

在他重病缠身的最后日子里，索菲亚·米齐科娃和女儿莫列尔常常前来修道院探望，给了他无限的温暖。有一天，莫列尔几次来敲门，都不见亚金夫爷爷的回答，莫列尔怀着强烈的不安，要求修道院强行打开房门，她发现亲爱的亚金夫爷爷已是奄奄一息。莫列尔打开柜子找东西给他遮盖身体，她发现除了书籍，爷爷穷得只有一件旧棉袄了。

令人备感悲伤的是，在 1853 年 5 月 23 日无人知晓的某个时辰，在无人相伴的凄凉中，尼基塔·雅科夫列维奇·比丘林，孤苦伶仃地在修道院的斗室里悄然离世，直到第二天才被发现。

他走了，终年 76 岁。

他居华 13 余载，却终生情系中国。

他是一位悲情的神父，一位卓越的学者。

他被后人尊为"俄罗斯第一位大汉学家"、"俄罗斯汉学的奠基人"。

尼基塔·雅科夫列维奇·比丘林，这个辜负了上帝却醉心于学术的人奠定了 19 世纪俄国汉学的基石，照亮了整个 19 世纪的俄国汉学发展的道路。

亚历山大·涅夫斯基修道院里的比丘林墓碑（李民摄）

楚瓦什共和国首府切博克萨雷市郊的比丘林与现代博物馆（B.C.格里高利耶夫供图）

他走了，凄清地走了，离开了他挚爱的汉学事业。此后，在亚历山大·涅夫斯基修道院拥挤的"十八世纪名人墓地"里，平添了一座黑色的墓碑，墓碑上沉默着八个清冷的汉字——"无时勤劳、垂光史册"，它们，将永远陪伴着这位伟大学者的亡灵。

第三节　未了的心愿，永远的怀念

1831 至 1832 年期间，"因为与生俱来的人性弱点，不能很好地履行修士的诺言"，比丘林两次提出申请，请求免除教职，从此倾心于学术。然而两次都被无情地拒绝了。亚金夫神父，一直是人们对他的称谓，再也没有改变。他渴望的俗世生活，始终与他若即若离，若隐若现，亦咫尺，亦天涯。在上帝和俗世之间，虽经历磨难，却也一直自由地行走，他因此而被称为"叛逆的修士"，"穿教服的自由思想家"。

只是，成为一名完全意义上的自由人，是他未曾实现的最大心愿，也是他后半生的沉痛遗憾。

在学术上，他也有一些不曾了结的心愿。

比丘林自踏入中国大地那天起，他的一生就与中国和汉学研究紧紧地联结在了一起，翻译和著述成了他生活的全部内容。尽管他的大部分译著和专著都得以出版，但是还是有很多文字没有面世。

1838 年，比丘林筹备出版译自日本学者朽木龙桥的著作《中国钱币描述》，书中记述了 183 种中国历代钱币。比丘林翻译这部研究中国古钱币的著作，期望填补俄国史学界在这一领域的空白。比丘林因出版资金问题向外交大臣涅谢尔洛德公爵寻求帮助，聪明的涅谢尔洛德将比丘林的手稿呈给了沙皇尼古拉一世，尼古拉一世最终批准了 4000 卢布的出版费用。然而 4000 卢布的数额是远远不够的，涅谢尔洛德又转向科学院院长寻求支持。遗憾的是科学院院长乌瓦罗夫始终没有批准外交大臣的申请，院长推脱说亚金夫神父的著作只有在补足图画之后才有可能出版，而且"拿到这些图画最少也要再等三年"。1838 年 12 月 31 日，这位院长下令，将比丘林的《中国钱币描述》手稿送到科学院图书馆保管。

比丘林对中国医学也很感兴趣。在中国的医学文献中，他最感兴趣的是《中国法医学》和《种痘新书》。这些译作，没有出版。

比丘林第二次在恰克图工作期间，他根据正在翻译的《大清会典》编写了三卷本的《中国法律记述》。遗憾的是，这部珍贵的著作也没有能够单独成书出版。

最令人心痛的是比丘林的字典手稿，在圣彼得堡几家图书馆都有收藏，可惜都是密密麻麻的手稿，只能是高山仰止。比丘林这些辛辛苦苦编纂的字典手稿可以堆起一座小小的书山，无人能够跨越。比丘林之后的卡法罗夫就幸运得多，卡法罗夫的四卷本《汉俄合璧韵编》经学生 П.С.波波夫的加工整理，于 1888 年在北京同文馆印行，为中俄文化交流留下了珍贵的财富。

尼基塔·雅科夫列维奇·比丘林，自他 30 周岁的 1807年来到中国的北京，他的写作便和汉字、和这个国家再也没有分开过。他的语言，他的文字，不加修饰，平淡而真实，却饱含着他的情感。

而他没有想到的是，如今在他的家乡，楚瓦什的人们一直在纪念他，怀念他，也继承了他对汉学的热爱之情。

在楚瓦什共和国首府切博克萨雷市，有一个以比丘林命名的公园，这是一个具有中国风情的美丽公园。在切博克萨雷市内还有一条以比丘林命名的大街，在这条大街上绿荫中立有一尊比丘林塑像。

离楚瓦什共和国首府不远的地方有两个村庄，就是比丘林出生的阿库列瓦村和他长大的比丘林村。在这两个村的村头都树立了纪念他的墓碑，优雅而抒情的楚瓦什人时时为他们的亚金夫神父献上美丽的鲜花。在楚瓦什共和国首府切博克萨雷，每五年举办一次纪念比丘林的国际学术研讨会。倘若你有幸来到切博克萨雷，参会的你将会发现，会场上不是西装革履者正襟危坐，而是身着东正教教服的教士们在钢琴伴奏下动人的嗓音在回荡，是一群向往中国的楚瓦什姑娘自编自演的中国舞在飞扬。倘若你在此时有幸来到阿库列瓦村和比丘林村，那里的村民将用他们最隆重的礼节欢迎尊敬的客人：香气四溢的面包和盐、沁人心脾的啤酒，还有热情洋溢的民族舞。

在切博克萨雷，有很多渴望学习汉语的大学生。由于当

切博克萨雷市比丘林大街上的比丘林雕像（B.C.格里高利耶夫供图）

地没有汉语老师，他们只能
用汉字字帖自己练习写汉字。
他们爱听中国音乐，常根据
中国音乐自编自导中国舞蹈。

如今的楚瓦什人，就是
以这样的方式来纪念他们的
文化名人的。而带给他们热
情和向往的，是他们所纪念
的伟大学者比丘林，以及比
丘林描述中国的文字。

汉学研究，在俄罗斯史

向往中国的楚瓦什大学生自学汉语用的
字帖（贾衣肯摄）

学界从来都是常青藤，而比丘林在俄罗斯汉学史上的地位无
人可及。近些年来，随着中俄两国关系的良性发展，比丘林
和他的作品再次悄悄地受到出版社的青睐，他的译著和专著
一直在中俄两国陆续不断地再版，为当今读者了解清末中国
提供了最大的方便。

莫列尔女士回忆道：

> 在我的记忆里，他一直是一位年迈的老人，当
> 我写下这几行文字的瞬间，他仿佛站在我面前，活

灵活现。他高高的个子，身板挺直。脸色白皙，瘦
瘦的，两腮凹陷，颧骨突出。宽阔高起的额头，双
眉之间有一道深深的皱纹。厚厚的嘴唇，大大的黑
眼睛炯炯有神。稀疏发白的头发，几乎全白的胡须
闪闪发亮。动作敏捷，急性子。脾气暴躁，容易激
动，有时候显得生硬。心地善良，宽宏大量。襟怀
坦白，朴实忠厚，从不弄虚作假，因此也不能容忍
阳奉阴违、阿谀逢迎的人。

第五章

丰厚的遗产

回顾比丘林一生坎坷，令人感慨良多。辛苦的译作，艰难的出版，尴尬的收入，不时受到冷落和批评的作品，力争摆脱宗教束缚的心，凡人的深情，还有一幕幕讲述中国故事的动情画面，组成了比丘林生活的全部内容。一个从伏尔加河畔走出的聪明少年，凭借自己的勤奋和努力，成为 19 世纪欧洲汉学界的领军人物。他把自己经历的中国社会介绍给读者，将他熟知的中国历史和文化带给了欧洲人。

第一节　笃信中文典籍

比丘林一贯相信中文古代典籍的真实可靠，并在著述中一再表达这一点。他认为："中国史书提供给我们的关于中亚古代状况的信息，大体说来因其不充分和片面，不是令人十分满意。但是关于这些地区公元前的历史完全处于沉寂的状态，因而对于我们来说这些资料尤为显得珍贵。而且，由于这些资料是由中国政府组织汇编的，因而与中亚地区政治联系方面的信息被完整地保存了下来，也因此，官修史书一点都不让我们怀疑它的可靠性。所以不可能不使用这些资料，哪怕是当关于中亚历史新的、好的史料被我们挖掘出来的那一天。"

1833年，在《西藏青海史》一书中，比丘林再次重申中国史料的真实可靠："中国史学家记述与之有直接关系的民族事务所依据的是官方所记载的事实，而这些事实是在它发生

《亚金夫神父第一本画册》中所载比丘林手稿（李伟丽翻拍）

的时候记录下来的。"可以看出，比丘林之所以详尽利用中文典籍来进行他的汉学研究，是因为他对中文典籍的信任。

因此，比丘林对于欧洲汉学研究和欧洲人对中国的错误认识批评甚多，其中之一就是对他们的史料来源持批评态度。他指出，欧洲汉学著作所使用的史料存在三种错误来源：

第一，最初的罗马天主教传教士由于过多地从事传教事务，很少有时间来全面观察中国。虽然他们有机会从各个方面观察中国，所写的许多关于中国的东西真实而详细，但是他们对中国的描写是片断性的、零零碎碎的，是不完整的。因为他们遵循不同的规则，具有不同的动机，所以，描写有时也是不清晰的。一些人想把基督教信仰的神圣原则凌驾于异教之上，故意从坏的方面来描写中国，有时甚至过分地渲染；一些人则力求在中国的传说中寻找与圣经历史上古老事件的相同之处，尽管这些事件与东亚没有任何关联；甚至有些人认为，中国人是《旧约》所描写的民族之一，思想家孔子是宣告基督降临的神意阐释者。毫无疑问，这些人的目的是想动摇中国典籍的基础。

第二，有些欧洲旅行家们几乎走遍了整个中国，也有机会亲眼看见很多东西，因此在这种情况下所出现的错误描写只能说是另外的事情了。他们把自己的所见所闻用欧洲的物质名称，以欧洲人的思维形式表达出来，无论是错误认识还是本来是正确认识但表达错误，这两种情况下的错误都是作孽。类似的错误在马噶尔尼出使中国时也出现过。

第三，错误判断中国经常根源于对中国相当不正确的、有时甚至是完全错误的报道和结论本身。东方学家的这一类著作总是拿非常粗浅的中文报道，以自己的臆想和猜测来解释他所不了解的东西。譬如，德经对中国历史文献的曲解将欧洲作家引入歧途，需要继续研究很长时间才能纠正错误。

比丘林在文中声明："无论我对描写中国的观点多么正确，我都不是在贬低他们的著作，而是永远怀有深深的敬意。我的目的在于说明关于中国的错误信息和错误报道是怎么产生的，同时希望读者在阅读到对同一事物的描述和判断不一致的时候应该高度谨慎。"

基于以上原因，比丘林在自己的学术研究活动中，选择使用的史料大多是中国官方所修订颁布的《大清会典》、《大清一统志》、《理藩院则例》，以及《资治通鉴纲目》、《廿三史》等典籍，也有《卫藏图识》、《西域同文录》一类著述。

19 世纪之前，欧洲旅行家们的作品尽管给欧洲带去了关于中国的种种信息，自《马可·波罗游记》之后，有葡萄牙来华使者托梅·皮雷斯的《东方诸国记》、1740—1744 年间环球旅行经中国南方的乔治·安森男爵的《环球航行记》、加里奥特·佩雷拉 1561 年完成的《中国报道》等，以及 19 世纪初在中国南方居住过的多别里的《在中国、马尼拉和印加群岛的旅行与最新观察》，也有未曾踏上中国大地的汉学家们的著作，如卡斯坦涅达 1551 年出版的《葡萄牙发现和征服印度史》、门多萨的《中华大帝国史》等。由于对中国历史文化的了解程度来周以及掌握史料的多少不同，这些作品尽管都各有其价值，但是对中国的描写都或多或少地存在着比丘林在文中所指出的那些缺点。

不过，比丘林对中国史籍的态度和做法也遭到一些学者的批评，如克拉普罗特。遗憾的是，比丘林及将中国史料中的错误也都看作是真实的东西。

尽管受到批评，比丘林利用中国史料研究中国的方法为后来的汉学家们树立了中国研究的典范，也奠定了19世纪俄国汉学走向近代化的基础。

19世纪之前，欧洲旅行家们尽其所能把尽带给欧洲去了关于中国的种种信息，自《马可·波罗游记》之后，有葡萄牙来华传教士若翰·皮雷斯的《东方国记》，1740—1744年间在珠江旅行经中国南方的苏格兰人安森男爵的《环球旅行记》，加里奥特·佩雷拉 1561 年完成的《中国报道》，以及 19 世纪初叶在中国南方旅行多居住过的葡萄牙神甫的《在中国》，马尔拉和加都岛的旅行与最新观察》，也有未曾踏上中国大地的汉学家们的著作，如卡斯珀出造在 1551 年出版的《葡萄牙对发现和征服印……

第二节　编纂教材和词典

　　比丘林在中国语言方面的研究分两种：语法教材的编纂和诸多词典的编纂。

　　恰克图汉语学校所用《汉文启蒙》即为比丘林本人编写并用于教学的教科书，是俄国汉语教学史上第一部高水准的汉语语法教材。

　　《汉文启蒙》一书包括内容丰富的前言和中国语言文字与汉语语法两部分内容。在前言中，比丘林指出，汉语分书面语和口语两种表述方式，书面语通常可以描写一切形式的内容，而口语只能写长短篇小说和民间歌谣。之后还对欧洲人出版过的几种汉语语法书做出点评，指出其优缺点。基于此，比丘林在自己的《汉文启蒙》中不仅注重完整地介绍汉语语法规则，而且更多地参考了中国国内相关汉语语法出版物，如唐彪的《读书作文谱》。书中的例词、例句不仅来自汉语本身，而且来自口语和书面语。

　　该书第一部分"汉语和汉字的基本概念"包括十二章：汉语简论、发音的分类、汉字简论、汉字的构成、笔画、六体、正字法和标点符号、音节、声调、偏旁部首、汉字的书写、关于汉字基本概念的补充。第二部分"汉语的语法规则"也包括十二章：汉语中字的变异和发音、名词、形容词、代词、动词、副词、前置词、连词、感叹词、语言的分类、实字的使用、虚字的使用。

　　《汉文启蒙》还包括附录：以 70 字举例说明其书写的笔画、六书的形体、23 组 46 个容易混淆的汉字、84 个汉字的变体、131 个汉字古今写法、214 个偏旁部首、偏旁部首的变异、量词表、天干地支表、中国人称呼语的书面形式和口语形式等内容。除了以上附录内容，书后还有另一份手写体附录四件：446 个音节的汉语语音俄语拼写字母表；法语拼写汉语语音音节表；葡萄牙语拼写汉语语音音节表；英语拼写汉语语音音节表。这份汉语语音俄语拼写字母表尤为令人注目，它完善了罗索欣以来俄国已经出现的汉语语音俄语拼写体系，为俄国学生学习汉语提供了很大方便。作为外国人学习汉语的教材，这本《汉文启蒙》从发音、汉字到语法都有讲解和例句，和会话、翻译、写作等课程一起，可以相互巩固。

　　当时有评论家赞赏说，比丘林的《汉文启蒙》使汉语冲破了欧洲语法家设置的樊篱，展示了汉语令人惊讶的易学特点，可以让学生在较短时间里学会阅读汉语书，听懂中国话，把汉语大致翻译出来。他在恰克图汉语学校的实践中已经证实了这一点，那里的学生非常轻松快捷地学会了汉语。

　　在词典的编纂方面，比丘林也付出了很多辛劳，留下了多种字典的手稿。

　　比丘林编纂的一种汉俄词典收入的汉字及词组数量达 1.2 万条，经过了四次修订，在释义的全面性上更加接近《康熙字典》，按照俄文字母排序，重新修订后为九卷本。此外，比丘林还把四卷本的满文词典《清文鉴》翻译成俄语。可惜由于资金和印刷条件的限制，这些珍贵词典都没能出版。

　　除了以上两种，现在俄罗斯科学院的东方文献研究所还保存有比丘林五种词典的手稿，它们分别是：《汉俄词典》、《汉俄语音简明词典》、《汉拉（语音）词典》、《满汉俄词典》、《满汉俄钟表词汇词典》；圣彼得堡大学的图书馆里还保存有三种词典手稿，其中一种是九卷本的《汉俄语音词典》。

　　比丘林的各种词典在当时的俄国学术界基本上都是最早的，尽管它们也代表了作者汉语研究的最高水平，更代表了那个时代俄国汉语研究的最高水平，但是令人遗憾的是它们至今仍处于手稿状态。

第三节 关于青藏的译著及研究

　　比丘林在西藏方面的译著主要是《西藏志》和《西藏青海史》。

　　《西藏志》译自中国历史地理著作《卫藏图识》。在这个译本里，比丘林保留了 1792 年鲁华祝所做序言，但是他将鲁华祝的《卫藏图识序》错误地译为《作者序言》。也就是说，比丘林错误地认为《卫藏图识》的作序者鲁华祝就是作者。

　　《西藏志》第一部分内容包括：自成都至打箭炉、自打箭炉至里塘、自里塘至巴塘、自巴塘至察木多、自察木多至拉里、自拉里至拉萨、自拉萨至西宁府等数条不同的线路，以及沿途的地理状况；第二部分内容包括：西藏的山川河流、艺术、服饰、婚葬、宗教、寺院、法律等诸多方面。此外，书后还附有自成都至拉萨的地图和布达拉宫的远景彩图。为方便读者，对于书中诸如地名、历史事件、文化等方面的内容，比丘林都加了注解。

第一部分译文均忠实于原著，语言平实，句读正确。比丘林的译文和解释无疑给欧洲读者们了解西藏提供了最早的范本。但是将比丘林翻译的《西藏志》与《卫藏图识》两书进行仔细核对发现，比丘林的译文存在两个字词上的理解错误，即"卫"和"蛮"。如他将书中的"衡藏"的"衡"误认为"卫"，将"蛮烟瘴雨"里的"蛮"理解为"中国北方人对南方人的称呼"。

《西藏志》共有118条注解，其中第一部分37个，第二部分81个。这些注解中大部分是地名，指出某地的大致位置，也有一些其他历史知识词汇释义，指出其含义。《西藏志》第一部分的注解，即来自于《卫藏图识》的译文，大致有地名类，如"成都""打箭炉"；事物类，如"碉""牛皮船""神坝"；地方官名类，如"土司""碟巴"；文化类，如"鼙""红帽子胡图克图""化去降生"等。

比丘林对于以上各类词汇的解释虽稍有瑕疵，但基本上都符合原义。《西藏志》译文中的地名、人名、官名只能音译，所以对于这些词汇比丘林都做了解释；对于欧洲人不易于理解的佛教词汇，他也加了必要的注解。所以说，除了"衡"和"蛮"二字之外，比丘林对《卫藏图识》的翻译是比较完美的，详细和必要的注解也给读者提供了阅读上的便利。

在前言中，比丘林写道："这部作品关于西藏的描写虽然说已经相当清楚，但是对于我们这些并不了解西藏的人来说还是不够详细。"也正是由于《卫藏图识》的内容不能反映出一个完整的西藏，比丘林又根据其他中文史料，编译了反映西藏史地和社会的内容，即译本《西藏志》的第二部分。

比丘林译本《西藏志》第二部分的注解要比第一部分多出一倍，绝大部分都是地名，如沈阳、贺兰山、霍耳等。还有一些关于藏族文化的词汇，如糌粑、哈达、黄教等。

《西藏志》发表之后很快就有述评见诸报端，其中以先科夫斯基在《北方蜜蜂》上发表的长文最为引人注目。先科夫斯基开篇伊始就大力赞扬，认为这本用俄语写成的著作"不仅仅是给我国文献带来了荣誉，这一荣誉同时也属于整个欧洲文献"。而且，"这些有益知识的爱好者们和我们一样，都为这本丰富了我们文献的著作而感谢翻译家，我们只有一个愿望，那就是作者能够以其勤勉和认真不断地向我们介绍关于中国史地资料的重要出版物"。赞誉的同时，批评家也指出了《西藏志》译本所存在的问题：信息不完整。不过接下来先科夫斯基又说："我们不应该因这一点不足而责备他，因为他只是想让同胞们了解的是一个连他自己都不熟悉的西藏，因此他本人也不知道我们缺乏有关西藏的哪些知识。"

这样的批评无疑是苛刻的，因为比丘林并不是根据中文史料来撰写关于西藏的专著，而是翻译《卫藏图识》的文本，而且比丘林本人对《卫藏图识》的认识和评价在前言里已经交代得很清楚。比丘林认为《西藏志》是一本非常有趣的书，他说，这是因为里面既包括自然地理状况，也包括由此而产生的气候、物产、政治区划、政体形式、风俗习惯，内容虽然简单，但是很清楚，就像地图上所呈现出的一样。

对于当时不太了解中国西藏的欧洲人来说，比丘林的《西藏志》无疑为他们打开了认识这片神秘土地的一扇窗，立即引起欧洲学术界的注意。《西藏志》在圣彼得堡出版后，在法国亚洲协会工作的德国东方学家克拉普罗特很快将它译成法文，于1831年在巴黎出版，与此同时还在法国的杂志上发表了书评。他批评比丘林没有指明该译著及其所附地图的中文出处，并指出了比丘林最大错误是将鲁华祝当作《卫藏图识》的作者，而该书的作者实际上是马少云和盛梅溪。尽管如此，克拉普罗特还是肯定地说，比丘林总体上是非常熟悉原始文献的。

比丘林另一部关于西藏的译著是1833年出版的《西藏青海史》，该书内容摘译自《廿三史》和《资治通鉴纲目》，

《西藏志》中所附《拉萨布达拉宫图》

《西藏志》共有两分册。第一分册内容包括唐古忒人的起源、唐古忒人与中国的政治关系和战争、唐古忒人与汉人的融合、鲜卑族等在青藏地带的迁居、藏族的起源、藏人的生活方式和习俗、藏人与中国内地的各种关系等。第二分册内容包括西夏的建立、拓跋氏与宋辽金的关系、吐蕃的兴起发展及其与唐的关系等。最后作者还附有中国历史编年和青藏地区的地图。从内容上看，该书与其说是藏族史，不如说是汉藏关系史，因而作者本人也意识到，该书"不能全面反映西藏的历史，因为中文史料中只记载汉藏交往的历史事件"。

《西藏青海史》是对中国部分典籍的直译，正如作者在前普中所说："为了给学术界以原文的完整面貌，我不附加任何注解内容，也不改变任何一个字，即使是按照我自己的理解，为了上下文的衔接或者为了音节的均匀而需要稍作改变的时候。对于追史溯源的史书的翻译，需要高度的精确。对于所摘录的内容，如果补充以大量的注解或者修改，都会使自作聪明或者是错误的结论找到借口。"大概正是由于这种严格遵循原文的翻译风格影响到了语言之间的转换表达，该书的翻译风格遭到了先科夫斯基的批评，但比丘林就翻译工作这样解释道："我最为担心的是有什么过错留给后人，哪怕是无意的疏忽。"

先科夫斯基的评价有肯定也有否定。他首先半认真半戏谑地说："这是一部非常好的书，比一切小书都更吸引人。她将会很时髦，至少在东方学家们那里会这样，虽然在他们的妻子和女儿那里不会。他们都会为作者的勤奋和牢固的汉语知识说句公道话。况且，这是第一本西藏历史方面的书，在使作者出名和引起学者们的普遍关注两个方面已经足够了。"先科夫斯基认为，由于这本书反映了汉族与诸多少数民族悠久的复杂关系，所以说从内容上来看，"这是一部边疆史"。但是，就该书的翻译水平和风格而言，作者批评比丘林"翻译得半生不熟，缺乏润色"，"语言风格既不古典也不浪漫"。宋过，"其优点和优势仍在"，因为，"尽管在叙述方式上有些瑕疵，甚至标题极不恰当，但是它实际上仍然是一本非常有益的、引人入胜的书，是值得任何对历史资料感兴趣的读者去读的书，而且是一本给编译者和皇家科学院带来荣誉的书，也是让我们满意阅读的书"。

先科夫斯基的书评是在《西藏青海史》出版的当年，即1833 年发表的，比丘林很快就给予了回应，他说："先科夫斯基先生的书评像孩童的玩笑话，什么东西都不是。"在绝大多数著作都问世之后的 1849 年，比丘林认真梳理了别人对他著作的评价，在《俄国人》上发表文章《当代俄国作家》，对大家的评论再做回应。在此，对于先科夫斯基对《西藏青海史》的批评，他再次回应称那是"非常滑稽可笑的"。

先科夫斯基的批评并不能代表所有读者的声音，尤其是他不无戏谑的口吻总是引起一些学者的反感，有时也会遭到其他读者的攻击。他对《西藏青海史》的书评发表之后，东方学家格里戈里耶夫以 C.M. 为笔名在杂志《传闻》上发表文章《反驳》对其进行批驳。格里戈里耶夫开篇便写道，先科夫斯基"善于用相当滑稽可笑的文体写作"，并且，"他显然是在极力表现自己在戏谑中批评方面的才能"，但是，"在他的评论里我们找不到任何有用的、新的内容，除了玩笑话之外，甚至没有他自己的观点。……难道批评家不懂得真正的学术批评之规则和目的吗？"

波列沃伊也在自己主持的《莫斯科电讯》上发表对《西藏青海史》赞誉有加的书评。他说："对于俄国的普通读者而言，多半会合上这本书，甚至再也不会翻开它。但是对于东方学家和研究亚洲古代史的人们来说，这本书是一件真正的宝物，令人尊敬的亚金夫神父考虑的是他们。他从各类中国断代史书和通史史书的附录中挑选出记录西藏和青海民族的资料，加以相互补充。……它涉及的很多问题是当今欧洲东方学家们所关注的。"在文章的结尾，波列沃伊更是称赞说"这本书是一个重要的里程碑"。

《西藏志》和《西藏青海史》虽然只是比丘林的翻译而不是研究，但其重大意义在于它们在欧洲学术史上几乎是最早根据中文史料介绍西藏这一神秘土地的学术性著作，它们不仅向俄国社会而且向欧洲社会展示了这片土地的自然景观和人文风貌。

欧洲较早研究西藏的是匈牙利人乔玛。乔玛对藏族语言和文字有着精深的研究，1834年出版了《藏英词典》和《藏文文法》，除此之外还发表了介绍《甘珠儿》、《丹珠儿》佛教丛书的文章。相对于乔玛在藏族语言方面的著作，比丘林介绍西藏历史变化的两种译本更早一些。而且，比丘林译本更重要的意义还在于它们直接译自中文，向欧洲读者介绍西藏本身的同时，也为后来的研究者提供了可资依据的重要中文史料。

除了以上两种译著，比丘林对西藏的研究众多，特别是在1848年出版的《中华帝国详志》一书中简单描述西藏历史。比丘林作品中关于西藏与内地关系的内容是比较少的，但是，从他简要的叙述里可以看到，他以中文典籍为基础，以历史的眼光，从历史进程发展的角度叙述了藏族的历史与汉藏融合的过程，与中国学者的思路基本接近。由此可见，他在阅读、翻译、研究、使用中国史料和著述的同时，自觉不自觉地受到了中国史学研究方法以及中国人思想的影响。

第四节　关于蒙古史的著作和研究

相比之下，比丘林对蒙古的关注要比对西藏的关注多得多，除了发表有关蒙古历史、宗教等方面的文章十多篇之外，还有专著《蒙古札记》、《15世纪至今的卫拉特，即卡尔梅克人历史述评》和译著《成吉思汗王朝前四汗史》。

《蒙古札记》分四个部分：第一部分主要包括他1821年夏天返回俄国途中从北京至恰克图的旅行日记，包括每天的行程和沿途的见闻，还详细地记录了沿途各地的地理学和民族学数据。

第二部分是比丘林个人最为满意的，内容非常丰富，简直是关于蒙古的小型百科全书，既包括蒙古的地理、气候等自然状况，也包括它的政治区划、贸易、语言、游牧生活方式、宗教礼仪、服饰、婚丧、教育等社会状况。他把蒙古分为南部、中部和北部，并描述了各部分的地理特征（这一部分还描写了在汉族影响下的蒙古族生产生活方式的变化，如农业、家庭畜牧业、蔬菜栽培、园艺等方面的发展。

第三部分是关于蒙古人历史的描写和蒙古起源问题的研究。比丘林在中国史料的基础上，分十个阶段叙述了蒙古民族由远古至元朝结束 4000 多年的历史。正是在这一部分的开头，比丘林说："蒙古作为一个民族已经存在了 4000 多年，他们一直处于一种游牧状态，如果不是与中国这个大国相毗邻，他们大概不会留下什么史料。中国则自它与蒙古交往伊始就开始记录蒙古的各种历史事件。因此我的经验是，历史地考察蒙古，需要建立在中文编年史资料的基础上。"

在第四部分，比丘林翻译了《蒙古律例》的全部内容。

《15 世纪至今的卫拉特，即卡尔梅克人历史述评》一书是比丘林撰

《蒙古札记》插图《蒙古贵族女人的装束》

写的卫拉特蒙古史专著，内容分两部分：准噶尔卡尔梅克人、伏尔加卡尔梅克人。第一部分叙述了早期蒙古诸部族历史及其与中国内地、西藏的关系；第二部分叙述 17 世纪卡尔梅克人向西迁徙的历史，以及后来清廷与俄国政府之间关于卡尔梅克人的交涉等事宜。第一部分以中俄两国的政府公文为主，第二部分以俄国单方面的政府公文为主。另外还参考了《西域闻见录》等著作。

对于这一著作的写作动机和目的，比丘林说："我们在征服西伯利亚过程中到达了阿尔泰山北麓，并和那里的民族有了联系。但是由于缺乏关于他们政治构成的确切资料而不能分清其家族与宗族，宗族与整个民族，族人和封邑的大公，封邑的大公和汗。所以，俄文中关于西伯利亚的历史记载存在错误，尽管这些错误本身不太重要，但是以后的史料编纂者在研究中亚民族起源时如果依据这些资料的话，就会酿成非常严重的差错。我这本书将以合乎事实的形式展示出有关整个民族的历史，给读者提供正确判断不同论著的可能。这就是我著此书的唯一目的。"

比丘林另一部关于蒙古史的著作是节译自《元史》前三卷和《资治通鉴纲目》的《成吉思汗王朝前四汗史》，包括了成吉思汗、窝阔台汗、贵由汗和蒙哥汗四个时期的史实资料。

比丘林说，《元史》的内容是这本书的基础，而进一步说明《元史》所列年代发生的历史事件时，就需要引用《资治通鉴纲目》中较为详细的记载。在他看来，《元史》具有不同于其他帝王传记的特点，"它包括了纯粹的历史事件，但不包括与其相关的历史背景"，而《资治通鉴纲目》则相反，"它在详细描述历史事件的同时对历史背景也做了简要的说明"。从这些史籍中，比丘林认为蒙古帝国在蒙哥汗去世之后就衰落了，而忽必烈建立的元朝是蒙古历史上新的一页。

如其他著作，比丘林在《成吉思汗王朝前四汗史》里也附加了详细的注释：蒙古古代人名、地理名称和成吉思汗远征图。

在比丘林的几部蒙古史的作品中，关于蒙古史研究的主要问题主要有以下两点。

第一点，关于"蒙古"这一名称的由来。早在1828年的《蒙古札记》里，比丘林就已经提出："居住在喀尔喀地区的民族，从11世纪起开始叫作鞑靼。他们分成很多部落联盟，其中势力强大的有蒙古、唐古忒、克烈和塔塔尔。这些宗族还分成很多世系或旁系，但是它们都叫作鞑靼。成吉思汗征服广大领域之后才叫作蒙古。"

对此，克拉普罗特指出，如果接受比丘林关于蒙古史的观点，那么西欧关于蒙古史的书都要改写，而这是很困难的。比丘林对此反驳说："札记中有关蒙古族的评述并非依据我个人的观点，而是依据了中国史书。西欧的东方学家们单晚有天会更正他们前人的错误。"

在1850年的《蒙古人为何许人》一文里，比丘林又批评西方的东方学家"错误地把每一代蒙古王室当作一个民族，偏离了直线，把同一种族的不同王室当成了不同的民族"。正是在这篇文章中，比丘林写道，在12个世纪的历史进程中，蒙古人沿袭了匈奴、乌桓、鲜卑、柔然、突厥、回鹘、薛延陀、契丹八个不同种族的王室，在随后的王朝建立过程中逐渐形成了"蒙古"这一名称。

第二章在《古代中亚各民族资料汇编》里，他进一步阐明："蒙古人的起源与获得这一民族名称的蒙古王朝实质上是两个相互之间完全不同的概念。蒙古人起源于公元前2500年前，与此相反，蒙古王朝则出现于9世纪初；12世纪初壮大，13世纪初建立蒙古帝国。"

第三点，关于蒙古人的族源问题。比丘林批评当时欧洲学者对蒙古民族和历史了解太少，认为他们的很多研究都是凭臆想而做出的错误结论，因为他们往往将一个强盛的氏族当作一个民族，并认为他们在起源和语言方面比其他氏族优越。比丘林关于蒙古族源问题的认识主要有三点：

首先，鞑靼人、契丹人、回纥人、突厥人、鲜卑人、匈奴人都属于蒙古族历史上的不同宗室。他说："享有世袭统治权的蒙古宗族不一定就是出身于蒙古家族，而是被封了蒙古人的称号，并且越来越习惯于这一统治者家族的称号。因此，蒙古人不同的宗室曾经被冠以鞑靼人、契丹人、回纥人、突厥人、鲜卑人、匈奴人等不同的名称。"

其次，蒙古、通古斯和突厥同源。比丘林在 1841 年发表的一篇书评《蒙古史》里说："蒙古语与突厥语语法相似，一些词汇的词根相同，这就清楚地表明了蒙古人起源于与其他部落相分离的突厥部落，后来才逐渐变成了另一个民族。"

最后，通古斯人建立蒙古帝国后，形成了"蒙古"这一民族名称。在书评《蒙古史》里，比丘林有这样一句话："原始蒙古人是从阿穆尔迁移到南蒙地区的通古斯人。"十年之后他再次大胆提出："蒙古帝国的缔造者不是本地蒙古人，而是从阿穆尔迁移到南蒙地区的通古斯人。"

1851 年初版的《古代中亚各民族资料汇编》中更为明确地表明，虽然古代中亚民族的历史没有断定他们存在了多长时间，也没有断定他们的起源，但是蒙古人在风俗习惯和语法方面与通古斯人和突厥人有一些类似之处，这便表明了以上三个民族同源，只不过后来分成了三个分支，即三个部落。

可以看出，比丘林开始认为蒙古人起源于突厥人，后来又认为蒙古人起源于通古斯人。总之，在他看来突厥人、蒙古人和通古斯人属同源。

关于蒙古族的起源问题，在中国也一直存在着争议，至今未取得一致意见。按照当今大多数学者的看法，蒙古出自东胡。比丘林在蒙古族起源方面的结论在我们今天看来不一定准确，但他在俄国蒙古学研究领域的开创之功是值得称道的。

关于蒙古与中原王朝的关系，比丘林翻阅了浩如烟海的史料，描述如下：

> 中国这个大国是当时世界上人口众多的强国，但是为了边境的安宁，历来都要为蒙古人花费很多。这项花费不是什么贡赋，因为"贡赋"一词有损于尊严，为此，中国人想出了不同的方式，以各种不伤及尊严的名目向蒙古人支出这笔费用，但是找不到摆脱这一问题的其他办法。相反的是，蒙古人一直在寻求利益。如果向中国人开战，那便是为了迫使这个大国满足自己的掠夺而不是摆脱它的束缚。

如前所述，比丘林认为匈奴与蒙古同源，因此在他的行文里，蒙古人与汉人最初的具体接触是从公元前2世纪初的冒顿单于开始的——公元前200至公元前195年。冒顿单于对中国毁灭性的进攻迫使中国汉朝宫廷采取和亲政策，据此中国汉朝宫廷将公主嫁给匈奴汗，同时还要每年按时赠送礼物。

接着，比丘林叙述了蒙汉交往的历史情况：

那时候中国皇帝承认汗与自己是平等的。一百年后匈奴人同意接受"中国附属国"这一称号，但

条件是：和原来一样嫁公主给匈奴汗并赠送礼物。

这时中国宫廷发现，边境上的蒙古是非常可怕的，因此采取了分而治之的办法。这一策略直断断续续实施了几世纪。在唐代时，中国承诺从1005年起每年向契丹赠送礼物，但是不承认其也不统其为附属国。在宋、唐、明三代时中国与蒙古个签署协议，每年都互易马匹，但是在这样的交易中中国人总是亏本的。1449年鞑靼汗向中国发起了进攻。第二年中国派遣使者到瓦拉特，双方签订和约休战。

关于清廷在蒙古各地区的管理情况，比比林介绍说：

为管理蒙古，中国政府颁布了《理藩院则例》，

其中的法律条文非常适用，一方面适合蒙古人的游

牧生活，另一方面也适合它依附于中国的状况。根据

《理藩院则例》，对每个旗的主要事务管理都委托给

札萨克王公及其助理，其他的公务处理交给团和连

的长官。对于下级长官的不公正，每个人都有权向

旗札萨克申诉。如果不满札萨克的裁决，可以向盟

或者当地监察机关委托的中国军事长官提交案例。

如果裁决有失偏颇，可以直接向理藩院呈报；这样

的控告会呈交皇帝。经研究，如果札萨克和盟的长

官的裁决确实不公正，那么他们就会被送交法庭，

接受处罚。

在这里，比比林虽然没有评介性的语言，不过可以看出，他认为理藩院对于蒙古的行政管理还是比较理想的。他说，虽然不太清楚哪些条款最早源于蒙古生活，但是，根据他们因袭保留至今的游牧生活方式判断，可以准确地说，蒙古人古老的法律与《理藩院则例》极为相近，甚至其中许多与中国

的朝贡关系方面的内容都相似。

关于清廷对蒙古官吏的待遇，比丘林介绍，作为中国皇帝的下属，蒙古王公可以领取中国朝廷的俸禄。中国政府用白银和布匹支付蒙古七级官吏的俸禄，这笔费用每年需要12万两白银和3500匹布。除此之外，蒙古官吏还有当地的税收作为自己的经济来源："虽然蒙古人是中国的属民，但是完全不需要向国家交税，税收只是供当地官员享用。"蒙古王公们要在每年的新年之前赶往北京朝觐，入朝上贡，当然，比丘林对此也没有忽略。但是，比丘林在比较了蒙古王公的贡赋和清廷供给他们的俸禄以及封赏的数额之后说："可以看出，蒙古王公入朝贡赋所带来的价值高于它实际价格的十倍。"

接着比丘林对此问题提出了自己的问题和看法：

蒙古人口是中国的一百二十分之一，而且中国是一个设施完备、文明、物产丰饶的国家，那么，是什么让中国宫廷惧怕蒙古？为什么使蒙古人比中国人更具优越地位？是因为蒙古人的实力、勇敢或者他们的军事艺术吗？不，这些都不是。是因为他们的生活方式和特性。蒙古人的生活是游牧方

式，在环境需要的时候很快很容易地迁移住所。他
们常常住在草原上，除了草、水和牲畜，什么都看
不见了。战时他们带着家眷和牲口迁移到安全的地
方，他们就这样经常在远征之中，不怕没有粮食和
饲料。死去的骆驼、马肉，以及脚下的饲料都经常
换来换去。帐篷和大锅——这就是他们全部的军事
艺术。运气好时他们就继续前行，不好时就分散开
来去其他地方。迁移到某地的时候他们不宣战，停
止战争后也不签订和约。好年景的时候他们很安
静，而在歉收的时候他们就会袭击与之毗邻的定居
居民。……总之，中国政府将蒙古人作为自己的客
人一样的属民，除了服从与和平，不需要他们任何
东西。

因此，比丘林说："中国希望在边境上有附庸国，不是因
为它贪权或虚荣。"这样的评价十分中肯且客观。

蒙、汉、满各族的接触与交往无疑会影响到蒙古人的生
活方式，蒙古人也由此而逐渐认识和了解到中国发达的文化。
关于这一点，比丘林只是简单地从宫廷礼仪方面举例说明。
他说："蒙古王公的宫廷朝觐作为必要的、唯一的方式，既使

他们接近中国，也使他们……风俗习惯中
的粗鲁和野蛮。"在北京，蒙古王公必须遵守严格的宫廷礼
仪，因为……精神违反便会永远
影响到律禄。比丘林认为，北京宫廷以这样的方式加快了蒙
古人粗鲁习惯的改善。

比丘林蒙古史研究最后一个问题是关于《蒙古律例》的
翻译。《蒙古札记》的整个第四部分是比丘林直译的《蒙古律
例》。之所以说是"直译"，其一是由于《蒙古札记》第四部
分和《西藏志》一样，所有文字都是根据中文文本逐字逐句
直接翻译的；其二是指他的翻译做法，对于……籍类的文
字，当然最好的翻译方法是直译而不是意译；比丘林所采取
的正是这种忠于原文的严格直译。也因此，他的语言显得
朴实无华，浅显易懂。无论从句读上还是从含义上看，比丘
林的翻译都比较符合原文。不过，和《西藏志》译文一样，
也存在一点小错误。

例一，《蒙古律例》第二卷第……条"……披……甲"有内
容：……，比丘林的译文是：……

例二，《蒙古律例》第二卷第二十条"王等嫁女腰送"有
内容："外藩亲王之女照内地亲王格格腰送之例不算乳父母将

女八人闲散五户"，比丘林的译文中将"闲散五户"译成了
"闲散八户"。

例三，《蒙古律例》第三卷第四条"岁贡九白"有内容：
"各赏三十两重银茶桶一个茶喇一个缎子三十匹毛青布七十
匹"，比丘林将句中的"茶喇"译为"如意"。

除了以上三例译文错误外，209条《蒙古律例》内容的正
确翻译以及55条关于蒙古历史文化的注解均充分显示比丘林
很好地掌握了研究蒙古社会、法律状况所必须了解的《蒙古
律例》。无论是作为一个蒙古史研究者还是一个清代社会的观
察者，这一点都是非常必要的。尤为重要的是，比丘林是关
注到清朝政府出版《蒙古律例》的第一位欧洲研究者。

虽然比丘林的翻译和研究不可避免地存在各种瑕疵，但
这些小小的瑕疵并不影响他对学术的贡献。尤为可贵的是，
比丘林在描述蒙古方方面面的同时，对译文做了大量的注释。
值得我们钦佩的是，这些注解都是正确的，与正文相得益彰，
给读者提供了阅读上的便利。

第五节　关于中国边疆史地的研究

　　比丘林关于中国边疆史地研究中另一内容是与北方蒙古诸族有着紧密联系的中亚民族及其历史。这一部分主要是译著《准噶尔和突厥历史与现状》和两本专著《古代中亚各民族资料汇编》、《东亚中亚史地资料汇编》。

　　比丘林第一本关于中国边疆史地的作品是 1829 年在圣彼得堡出版的译著《准噶尔和突厥历史与现状》，该书第一部分摘译自《前汉书》里的《西域传》，第二部分摘译自椿园《西域闻见录》的部分内容。第一部分，作者首先按照俄文字母的顺序简单介绍了一些地名的地理位置和历史上政权所属情况，如阿克苏、安西、伊犁、哈密、吐鲁番、乌鲁木齐等地的经纬度，在中国的各朝代与中原政权的隶属关系等；然后分别介绍了若羌、鄯善、且末、小宛、精绝、戎卢、圩弥、渠勒、于阗、皮山、姑墨、温宿、龟兹、乌垒、渠梨、危须、焉耆、乌贪等 50 个古代小王国的地理位置及其与各代中原政权的关系。第二部分介绍了雪山、乌鲁木齐、伊犁、喀什噶尔、哈萨克等地的地理、历史、气候等情况，以及准噶尔等汗国的兴起与衰落等方面的丰富内容。

在当时的俄国，这是第一本介绍中国西部的历史著作，同样也引起了学术界的关注。波列沃伊在《莫斯科电讯》上发表书评，首先肯定了"亚金夫神父准备今年出版的《准噶尔志》、《成吉思汗王朝前四汗史》、《西藏青海史》、《北京志》等"都是一些"非常珍贵的、值得我们同胞尊重的作品"；并夸赞说，"非常熟悉中亚历史和地理的亚金夫神父总是选择这些我们很感兴趣但又不太了解的课题"。他还提示俄国读者："在国外，巴黎、伦敦、维也纳都比我们这里更多地谈论着亚金夫神父的作品，而我们在沉睡，在半睡半醒之间呓语着似诗非诗的东西。是我们应该醒来的时候了！"对于《准噶尔和突厥历史与现状》一书，评论说，书中关于"亚洲历史与地理的内容非常新奇"，并且，"中国人的描写反映了他们不同于欧洲的民族精神，而且，中国作者的观点和思想也很引人入胜"。

比丘林另一部有关中亚和蒙古的著作是三卷本的《古代中亚各民族资料汇编》。该书所涉及的中亚民族的资料，比丘林从 1820 年返回俄国至 1846 年间，就一直坚持搜集与整理。这也是比丘林学术生涯中最后一部作品，凝聚了他 25 年的心血。1851 年该书在圣彼得堡初版时封面以"古代中亚民族史"为名，1950—1953 年间苏联科学院再版了这部三卷本的巨著。

《古代中亚各民族资料汇编》一书的史料来源是《史记》、《汉书》、《后汉书》、《宋书》、《齐书》、《梁书》、《陈书》、《魏书》、《隋书》、《唐书》、《金史》等。在第一卷中，比丘林首先简明介绍了上述中国典籍的作者和内容，然后从以上典籍里摘录出关于匈奴、乌桓、鲜卑、柔然、回鹘、突厥、回纥、契丹各民族部落历史的内容。第二卷包括朝鲜列传、东夷列传、渤海郡王等章节。以上两卷的内容与其说是比丘林的专著，不如说是翻译。在每一个小节的前面，他都很清楚地注明了该段史料的来源，或《史记》，或《前汉书》、《后汉书》等。当然，他所摘录的部分不一定是最合理的，后来有批评家认为他遗漏了很多有价值的部分。只有第三卷的内容，即"古代中亚民族史地图地理指南"是比丘林个人精心编写的。因为前两卷里附了很多古代民族居住区域的地图，为的是方便读者阅读，比丘林在第三卷中对地图里的每一个名称都做了详细解释，包括中文拼音名称、含义、历史上的政治变迁、当今的政权归属、所在经纬度、相邻的地区等情况。

在当时的俄国，甚至是有着很多描写中国的各类出版物的欧洲，介绍中国西部地区的文字还很少见。《古代中亚各民族资料汇编》以其丰富的内容向欧洲读者展示了民族众多的中国西部的地理和历史，因此被苏联时期学者称为比丘林"诸多著述中最好的作品"，尽管比丘林对中国典籍的翻译存在"很多疏漏和不准确之处"。东方学家 Н.И. 维谢罗夫斯基认为《古代中亚各民族资料汇编》是"亚金夫神父最有价值的著作"，比丘林的同时代人休金则称赞说："我们相信，每一个渴求历史知识的真正学者都可以在亚金夫神父的著作中找到取之不尽的源泉。"该书的出版使他第五次获得杰米多夫奖金。

比丘林第三种关于中亚的著作是《东亚中亚史地资料汇编》，1960 年在切博克萨雷出版。这本书虽以"东亚"和"中亚"命名，但其内容实际上包括了东亚和中亚地区在内的中国所有省份，以及中国周边国家如韩国、日本、俄国远东部分等地区的地理概念和信息的资料汇编。关于中国各省的主要城市、山川、河流、湖泊等方位以及与省会的距离，书中都做了说明，而且大部分地名还注明了具体的经纬度。对于中国古代史地的研究者来说，它是一把非常重要的钥匙。

遗憾的是，比丘林的中国边疆史地译著和专著为沙俄政府侵略中国提供了帮助。他生活的时代正处于俄国新一轮领土扩张的前夕，尤其是他从中国返回俄国之后的一段时期。比丘林的诸多作品在一定程度上为俄国政府详细了解中国，进而制定对华侵略政策提供了参考。尤其是俄国对蒙古的控制、对西藏侵略和新疆领土吞并、对向西藏的势力渗透，都是在充分了解了这些地区民族的历史与现状之后所采取的行动。而比丘林的作品之所以受到俄国政界要人的推崇，无疑是由于他的作品能够提供侵华政策所需要的信息。他怀着喜爱中国的情愫撰写了各种有关中国的著作，所追求的主要是向俄国读者介绍一个文明的国度，结果却为沙俄侵华提供了帮助。

第六节　关于中国通史和文化的著作

比丘林关于中国通史的著作主要是《中国及其居民、风俗、习惯和教育》、《中华帝国详志》和《中国民情与风尚》三种著作，另外还有著作《儒学概述》和译作《三字经》。比丘林说过："我习惯于只写最实质的内容，直言不讳，简明扼要，空洞冗长的语言适合于神话。"他这些作品的语言风格也的确如他所言。

1840 年的《中国及其居民、风俗、习惯和教育》一书是比丘林第一本全景式描绘中国的专著。该书包括了中国社会文化的各个层面，其内容主要包括：中国语言与文字、教育机构、北京宫廷与其他建筑、纪年、历法、贡与表、宗族的姓和名、宫廷礼仪、民间节日、饮食和服饰、风俗、农作物的种植范围、刑法、中国报刊等。

《中华帝国详志》内容分两部分：第一部分包括边界，自然状况，南北方的动植物，矿产；居民，宗教，教育，民间工业，商业；国家财政预算，国家政治沿革，行政区划，政体形式，国家机关，刑法，军事力量。第二部分包括满洲，蒙古，新疆，西藏。此外，"附录"包括长城，茶叶的生产，水路交通，外来移民以及蒙古和西藏的法令等。

《中国民情与风尚》一书的内容分四部分：第一部分"国家行政之基础"包括国家体制、国家经济；第二部分"刑法的基本原理"包括犯罪与处罚形式、诉讼程序和审讯；第三部分"教育、粮食政策"包括教学与学术机构、各级经济管理部门；第四部分"中国人的社会生活与个人生活"包括宫廷礼仪、民间习俗。

正如比丘林在《中国民情与风尚》一书前言里所写："无论是欧洲还是亚洲西部，在新事物不断涌现的当今，在亚洲东部还有一个国家，它的一切都和其他国家相反，在他们的政界里存在着罕见而神秘的现象。这就是中国。在中国我们可以看到我们这里所拥有的一切，同时又发现所有这一切与我们的并不一样。……总的来说，那里的东西我们都有，但都是另一种形式。"

在他平淡质朴的行文里面，以另一种形式存在的中国和中国人是什么样的呢？

中国人与中国文明的起源

比丘林反对流行于当时的"中国文明西来说",坚持"中国本土文明说"。他说,中国人的开端接近于圣经中的大洪水年代,其祖先自古以来分散居住在自北京到扬子江一带、在平原上流淌的大河的岸上。他把中国的文明史分为三个阶段,第一个阶段从文字的发明到毛笔和纸张的出现,即从远古到公元前2世纪;第二阶段是公元前2世纪到宋初胶版印刷的出现;第三阶段从宋初一直持续到比丘林所经历的"当今",清代中后期。在第一历史阶段中,有巢氏教人们建造窝棚;燧人氏发明了火的使用;仓颉找到了把自己的思想用符号传达给别人的手段;而尧和舜是中国历史上最早的立法者。

对于中国人的信仰,比丘林认为儒教是处于主导地位的,他把中国人的祭祀礼仪和祭祀行为称作"文人宗教",即儒教。他认为儒教与中华民族几乎是同时产生和发展的,祭拜上天、祭拜世上的神灵,和祭拜先祖一样都属于中国民间宗教的基础,后来又增加了对道德高尚者的祭拜。

关于中国人的哲学,他认为《易经》里很早就有了哲学的萌芽:伏羲帝早已用八卦图来表达关于神和自然的思想,八卦图的每一条线都包含完整的思想。《易经》既然是中国哲学的最初源头，它就理所当然地标志着中国文化因素之一的哲学的产生，所以比丘林写道："中国的哲学是和宗教紧密相连的，这种宗教的内在成分以纯哲学之原初为基础，并且，这种哲学通过学校的教育渗透到民众的各个阶层，就像水渗透到海绵中一样。反过来说，这种古老哲学的大部分又正是来源于这种宗教之原初，而这种宗教产生于中国人的国民启蒙教育。"

中国的宗教

在《中华帝国详志》里，比丘林说中国主要有三种宗教：儒教、道教和佛教，除此之外，从政治形式上看还有萨满教和喇嘛教。1844 年完成的《儒教概述》中说，当今中国存在六种宗教，即儒教、佛教、道教、黄教、萨满教、回回教等。但是他认为只有儒教才是"国教"，才是"政府的宗教"，才是"全中国人的宗教"，因为"所有担任国家职务的官员都必须遵守已确定为国家法律的儒教之规章制度"，而且"它的纲常伦理也是自古以来每一个中国人都应该遵守的，哪怕道士与和尚"。

比丘林清楚地看到了儒家文化的社会功能，他说，儒教的道德说教以自然法则为基础，而儒教的规则组成了国家行政管理的基础。它使孩子无条件地做到：父母在世时服从他们，父母过世后热爱他们；由此产生一种说教，就是每个人都应该像在家里尊重父母一样尊重国君。所以说，儒教既是统治者治理国家的上层建筑，也是统治者教化民众的文化工具。

就儒教的起源来说，比丘林认为"它们产生于人类大自然本身"。但是对于"儒教"中的"教"字，比丘林并没有与西方基督教做概念和实质上的比较，只是指出："中国人认为'宗教'一词的意义就是教义本身，也就是在敬神和道德方面的某种思想形式"，而且，"它是一种学说，一种流派，是一种宗教学说在仪式与教理精神方面的阐述"。因此在《儒教概述》一书中，比丘林叙述的并不是作为学说的"儒学"，而是作为中国"国教"的"儒教"的一部分——程式化的宗教行为，即祭祀。书中内容包括其敬拜对象、祭服、祭祀器具与用品、祭坛、祭坛之平面图、祭坛中的牌位、祭祀仪式的准备工作、祭祀仪式的程序、首都的祭日、各省的祭日等内容。

比丘林对北京的天坛、地坛、日坛、月坛、先农坛、太庙、社稷坛、先师庙、关帝庙、文昌庙等数十种殿堂庙宇各自的功能和内部众多牌位的设置均有详细介绍，其内容与《大清会典》所载基本相同。除此之外，比丘林还介绍了普通民众的祭祀活动："儒教规定普通民众对祖先，尤其是故去的父母也要因感激而进行宗教祭拜；中国人都有家族墓地，必要的时候在那里进行祭拜故去先人的活动；在中国人的家里，他们在其他民族侍奉上帝的位置摆放写有故去先人的牌位以供奉。"

有了以上一番考察后，比丘林颇有感触地说："儒教解决了欧洲人难以理解的关于中国的两个问题：为什么那里甚至是在年轻人当中都很少有不结婚的人？为什么中国人不在异域结婚并永久定居？"

在《中国及其居民、风俗习惯和教育》一书的前言里，比丘林还论述了中国的宗教和哲学的关系：这一叫作"儒教"的宗教，它是国家的宗教，民间的宗教。这一宗教的内在成分是以纯哲学之原初为基础，并且，这种哲学通过学校的教育渗透到民众的各个阶层，就像水渗透到海绵中一样。

作为"学说"和"流派"的儒学，比丘林指出了它的哲学内涵，以及与哲学的关系。他说：

> 儒家学说与哲学的关系也非常紧密。它认为，人之初性本善，即人生来就有一颗未被破坏的心灵。人的心灵本来就铭刻着自然法则，人的行为也应该与它协调一致。这个法则就是中庸、正直、仁

爱、公正。但是，教养、体格和个人愿望都会将人引入歧途。如果接近邪恶，那么他的心灵就会变得阴暗。但是有时候就存在一些在心灵和体格方面不同于常人的人，他们就不会偏离自然法则。由于内在的意识，他们严格恪守中庸之道，正直施令，仁爱筹划，公正行事。这些人就是圣人，他们保持了与生俱来的纯洁心灵，与天融为一体；他们就是天，就是自然的法则。

除了儒教，比丘林对中国的其他宗教也做了简要评述。对于同样作为学说的儒、道，比丘林对它们的异同做了区分。

就道德说教方面讲，孔子和老子两位思想家的观点一致。他们认为对于人来说，"道"就是自然的法则，印刻在人的本性里，换句话说，印刻在人的美德里的，他的心灵指导着行为，但是要保持与生俱来的纯洁并使其完善，可以选择不同的途径。孔子教导每一个人，作为社会的一分子，必须履行社会赋予他的责任。通过履行这种责任并遵循自然法则来达到道德的完美。老子则相反，他认为在尘世中人很难保持与生俱来的道德不被邪恶损坏，所以，为了道德的完善，就要摒弃社会上遵守的那些礼仪和习俗，过隐居生活。这一点正是他在道德方面的哲学观，而不是宗教。

对于作为宗教的道教，比丘林看到了它与道家学说的关系。

他的追随者们后来渐渐地背离了他的思维方式，创立了其他新的理论。按照他们的观点，保持心灵纯洁或者实现道德完美的人，在生命结束的时候不会自然死亡，而是随着肉体变成精神物质移居到无人的山上，在那里，那些野生的物质会在他面前呈现出绝妙的形态。在那里，他就和神仙一起享受死人用语言不能解释的美好。这样的人在世界上可以洞察到左右自然的隐秘力量，拥有与精神世界和道德作用的神秘信心而影响物质世界的变化。在这样的基础上，他们编造了炼金术和魔法，他们以这种方式笼络了一个自己的阶层。他们通过这样的手段闻名于宫廷上下，以至于许多达官贵人都希望用他们的法术使自己长生不老，他们也因此赢得了尊重。

在比丘林看来，虽然道教和儒教供奉的神祇实际上是一样的，但是道教"更多的是一种多形式的占卜科学"。

关于佛教传入中国的时间，比丘林认为不是汉明帝时期的公元 64 年，而是明帝以前，因为孔子早已明确提到过释迦牟尼。对于儒道释之间的差异，比丘林说："上述三种宗教在中国被认为是民族的，因此统称为'三教'，但是其中只有儒教是纯政治的，有'正教'之称……三教的实质基本上是一样的。圣人、神仙、佛彼此之间在外在形式上实际上没有太大差异。显而易见的是，圣人和神仙的形象是中国人根据佛的形象创造出来的。但是后两者被认为是错误的，即对于人类来说它们不是固有的，而是为社会生活所创造的，因为它们的追随者制造了一个特殊的阶层，而这一阶层，要求完全摆脱自然和社会所赋予他们的责任。"

除了"国家法律所允许的"儒道释三教，比丘林说，在中国"新兴宗教是严格禁止的"，因为"通常的情况下，在中国秘密政治组织往往在一种新兴宗教的名义下开始其推翻王朝的政治活动"，而"外国人可以自由地进行自己的宗教活动，但是禁止在中国人中间传教"。

比丘林之后的瓦西里耶夫对于中国宗教的研究显然要

比丘林手描并上色《皇朝职贡图》中插图"中国和尚"（李伟丽翻拍）

更为深入一些，《东方宗教：儒、释、道》一书即是他对儒、道、释三教研究的集中体现。瓦西里耶夫认为："东方人的物质生活也曾达到了很高的水平，创立了优秀的、精神上强化自我的公民体制，但是，东方人的精神生活缺乏向前推进的动力，因为他们一直立足于同一土壤和同一种族中，而不接受外部源泉和思想的注入，从而导致生活方式和精神世界单调贫乏，并且始终处于萌芽状态。"比起比丘林只强调儒教是道德说教，瓦西里耶夫的认识更加深入了一个层次。此外，瓦西里耶夫翻译了大量的佛教经典，而比丘林涉及佛教的内容只有《佛教概述》和《佛教神话》两篇译文。

中国古代教育

比丘林把中国的教育史分为三个阶段。第一阶段是从文字的发明到毛笔和纸张书写的出现，即从远古到公元前 2 世纪；第二阶段是公元前 2 世纪到宋初胶版印刷的出现；第三阶段是从宋初一直持续到"当今"。

在划分中国教育史时期时，比丘林首先总结了整个中国教育史上过于重视道德说教的特点。对此，他的批评多于肯定。批评的多是针对古代，肯定的多在"当代"——他所经历的清代。他说中国的教育往往将所有的注意力都放在道德方面，而智力教育被认为是次要的；所以，他们在道德培养方面做得过多，然而这样并不利于科学的发展，包括在欧洲所称作的政治学；但是应该注意的是，政治学在中国不仅未被引入一个系统的秩序，甚至还没有它们在欧洲那样的名称，政治学的实质已经变成了不加科学区分的国家管理的道德规则。

比丘林在他划分的第一阶段中，主要介绍了尧舜时期至春秋时期的教育状况，包括广义的社会文明水平和学校教育。

黄帝时代：除了完善前代的各项发明外，许多东西都表明当时已经有了很高程度的教育。如黄帝继位前已经有了秤和度量衡、皇帝的服装和王冠；有了武器，建造了房屋、大型车马和船只；还编撰了第一部医学用书《内经》等。

尧帝时代：制定了刑法，并更加注重教育，当时还编撰了记录宫廷事件的《书经》等。尧舜时代还有了学校，分小学和大学，孩子在八岁入校后首先要掌握一些必要的礼节，然后再学习宗教礼仪、音乐、典籍、算术等。

周代：周代的教育迅速扩大了范围。周文王建造了天文台，阐释《易经》；他的儿子周公开始编写《周礼》、《尔雅》；当时诗歌兴盛，出现了《诗经》。

最后是春秋战国时期。比丘林对孔子的描述可以作为他对春秋战国时期教育的评价：

　　公元前6世纪末，中国出现的思想家们都有不同的初创时期的哲学思想，而这位顽强的、不折不挠的孔子，尽管不是新思想的创始人，却压倒了所有的思想家。他既不是立法者，也不是什么新宗教或者哲学的奠基人，正如欧洲人所认为的。在当时教育衰败的情况下，他广收门徒，传授以前的道德哲学，或者更清楚地说，逻辑上是指统治的科学，但是这一点在《大学》里讲得很少。此外，孔子不但讲授《易经》，还摒弃了《书经》和《诗经》中所有当时关于预言和迷信的内容，只保留下纯粹的道德说教内容，并且，他在此基础上创立政治学说，即驾驭人民的科学。但是，他在承认完美道德和灵魂不灭的同时，却没有一句话关系到精神世界和来世。可以说，孔子为自己的同胞开辟了一条真正的教育之路，同时使自己流芳百世，尽管如此，他还是破坏了世界历史。那时候书写的方式非常麻烦，所以儒士们都适当地缩减书的内容，留下古老的部分，这样一来就会出现不可挽回的损失。孔子也是如此，他由于缩减古典经书的内

容，破坏了很多关于中国，甚至整个东亚关于古
代史的有意义的信息。

可以看出，比丘林批评孔子的道德说教不仅培养他的门
徒成为"人治"的对象，还将这种教育理念继续了2000多
年。比丘林认为，孔子的教育也使关于"精神世界和来世"
的内容永远摒弃在中国人的心灵之外。

在第二阶段中，比丘林认为道教和佛教的发展"超过了
孔子学说"，"佛教徒将全部佛教经书译成中文"；"但是国家
的管理还是掌握在孔子学说的继承人手中，那么他们就可
以掌握自己的学说，尽管它是蒙骗君主及其身边的达官贵人
的"。尽管对儒家的统治思想多有批评，不过，比丘林还是认
为"这一阶段的文艺至今都被看作是完美的，唐代则被看作
是诗歌的黄金时期"。

然后是比丘林所谓的"第三阶段"的教育。同样，他也
只做了简单的概括：由于胶版印刷的出现，宋初开始的第三
阶段成为"东方人概念中最辉煌的时期"，"也使中国的教
育迅速普及"；11世纪初周敦颐的《太极图》阐述了"阴"、
"阳"及其相互关系，这种新的哲学被所有的儒士们一致接受
了，并在他之后出现了很多阐释者；到了12世纪，朱熹编纂

了"至今都完美的"《资治通鉴纲目》，"直到现在都一直被所有的学校采用"；至明代，编纂了《永乐大典》；清代，编纂了《四库全书》。

《三字经》的翻译

最能反映比丘林对中国文化认识的是他对《三字经》文本的大量注释，在当时的俄国还鲜有类似的出版物。比丘林在该书前言里介绍说，这是一本儿童简易百科全书，里面包含有教子方法、追求取向、崇尚榜样等方面，内容丰富，寓意深刻。

《三字经》全文共计千余字，包含了丰厚的儒家文化，将其内容译成外文并不困难，然而严格遵守三言诗的形式却非易事。但将比丘林译文与原文对照，可以发现他的翻译是如此完美：简洁的译文不但很好地保持了原文的诗歌形式，而且每句话的内涵都表达完整，没有疏漏，可谓信、达、雅的完美结合。与译文同样精彩的是 103 条注解，它们传达出了译者对中国历史文化的认识和理解。正如译者在前言中所说："这本小册子里解释了对于所有欧洲人难以理解的中国人的哲学概念，可以作为阅读译文之指南。"在此摘出几处有代表性的段落：

人之初，性本善。性相近，习相远。

"人之初，性本善"释义："这是行为准则的基础，行动的基础。所以人自出生起便开始思考关于人的问题。人是上天创造的，上天给予他的影响就叫作'性'，是一种与生俱来的善。人出生后最先记住的是自己的母亲，开口说话时最先叫出的是父亲的名字。孟子说：'亲其亲，长其长'。朱熹说：'人性本善'。"

"性相近，习相远"释义："这是用来解释上一句话的。孔子曾说：'性相近，习相远。'一个人自出生之日起，就可以发现他是聪明的还是愚笨的，贤明的还是好色的，他的所有行为都可以反映出相同的秉性，因为它们的确是密切相连的，并不存在什么差异。随着智力的发展，我们就会发现每个人体格的不同。理解力机智的被认为是聪明的，理解力迟钝的被认为是愚笨的，善于根据自然规律行事的被认为有智慧的，跟随欲望走的人被认为是堕落的。当我们与生俱来的善良天性发生变化后，人与人之间的距离就会变得越来越遥远。之所以如此，除了习惯和体格所致，没有其他原因。只有君子能够锤炼孩子的品质，防止他们的天性腐化变质。"

三才者，天地人。

释义："混沌状态里最轻最纯净的气上升，形成天；沉重而浑浊的气下沉凝结，形成地。在天与地之间所有的生物中，最优越的是人。人是所有动物中最智慧的，由阴阳组成，改善、创造、培养着大自然的规则。他延续着种族，平衡着天与地，因此谓之'三才'。"

三纲者，君臣义。父子亲，夫妇顺。

释义："关系，用中文讲就是'纲'，指的是绳子，即大渔网下方的绳子。人世间有三种大的关系（三纲）。宫廷里，君为臣纲；家庭里，父为子纲；家里，夫为妻纲。如果这三种关系都处理得正确，那么君圣臣良，父慈子孝，夫妇和顺，整个国家就会幸福安康。"

曰水火，木金土。此五行，本乎数。

释义："这里讲的是五行的使用。五行与四方、四时、五常相符合。有五种色彩。木呈波状纹理，火燃烧，土产粮，金可锻，水滋润万物，这就是五行。木提供建筑和器具所用的木材；火燃烧，可煮饭，可冶炼；土可生长万物，能制陶器；金可制作武器和其他物品；水可灌溉和滋润万物。这就是五行的使用。木为绿色，火呈红色，土为黄色，金是白色，水为黑色。这就是五行的颜色。至于说它们之间的相生，以及数字和阴阳的神秘作用，则是完全不可能解释的。”

讲道德，说仁义。

释义：“孟子是战国时期齐国和梁国的间谍，由于在那里他的主张不被采纳而返回了邹国。他的学生公孙丑和万章出版了《孟子》，共两册七章。法就是王道，是自古至今天下人所尊崇的。美德是心灵的本性，圣贤都是根据它而行动。仁爱不记自己的功劳，但是通过它使自己关爱天下。正义不为自己寻求利益而关注天下。孟子教导尊重王而蔑视暴君（霸）；根据天道行事，抑制人类的欲望；尊重美德，不推崇不具美德的大人物。除了尧舜，孟子没有提及任何一位帝王；除了仁义和正义，孟子没有讨论任何一件事物。”

中不偏，庸不易。

释义："孔伋是哲学家孔子之孙，是他儿子伯鱼的儿子，名子思。时人称之谓述圣。他撰写了《中庸》，由33段文字组成。程子说：'不偏之谓中，不易之谓庸。'朱熹说：'中者，无过不及之名也；庸，平常也。'《中庸》里讲的是这样一条规则，即人们每一天的所有行为都应该遵守规则，一点也不能偏离。这样一条规则的准则是非常宽泛的，它的意义是无限神秘的。因此说，君子之道费而隐。"

扬名声，显父母，光于前，裕于后。

释义："当一个人通过学习成为伟大的学者时，他会扬名四海。当一个人官居要职时，连父母都会受到皇帝的垂青。对皇帝尽心竭力，对父母尊重孝敬，这就是出色的人吗？是的，这样的荣誉会流传百世。坚持正义、胸襟坦荡、公正行事、诚实可信，这就是出众的人吗？是的，这样的高尚品质会终生得到颂扬。所有这些都会使父母扬名。等到这些美德和规矩使您成为世上的著名人物时，那么，这些闪光的美德规矩以及您的功绩便会使祖先非常荣耀，而子孙也会得到很

比丘林译《三字经》扉页

多利益和幸福。所有这些难道不都是学习的甘甜果实吗？"

比丘林把《三字经》译成俄语诗歌的形式，语言简洁典雅，详细的附注更为译本大大增色。因此《三字经》译本为当时俄国的评论家们大加赞赏。有评论家说《三字经》出色的译文是"文学瑰宝"，也有评论家说从《三字经》可以看出中国人的道德和智慧。于是这本《三字经》译本后来一直被恰克图汉语学校、喀山大学、圣彼得堡大学当作汉语教材。

清代社会的教育

清代的教育状况是比丘林描写中国教育史的重点，1838年比丘林在《国民教育部杂志》上发表《对中国教育的一点看法》一文。两年后《中国及其居民、风俗、习惯和教育》出版，在这本书里他写道："很多人都在谈论中国，描写中国。一些人相信中国是亚洲教育程度最高的国家之一，而另一些人则认为中国人极度愚昧。我认为，这样或那样的看法都是基于摇摆不定的认识。因此，要准确无误地表述我个人对此问题的看法，就需要详细探讨一下中国的科学状况，以及它与中国的民族政治生活习惯的相适应，然后再做出关于中国教育程度的结论。"1848 年，他最具代表性的力作《中国民情与风尚》出版，在这本书里，比丘林郑重地说，该部分内容所展现出来的是一个文明的、设施完美的国度，并且，这种理解不是依据亚洲的概念，而是依据欧洲的概念。

比丘林把清代的教育机构分为四项内容：普通学堂、国子监、钦天监和"相当于欧洲国家科学院的"翰林院，并对这些教育机构的功能、教学内容和程序等方面进行了描述。

比丘林首先介绍，在学堂里，学生学习的只有一种课程：语文，内容包括历史、诗歌、宗教、法学、政治和经济等内容。音乐和礼仪知识是青少年教育的重要内容，而国家地理、数学、化学、医学、植物学、建筑和水利等内容，学生可以任意选择学习。具体而言，比丘林称学堂里没有任何教材，采用的只是四书五经。对四书五经，比丘林也写出了自己的理解："四书五经就其年代久远和内容的重要性，相对于其他书籍被认为是主要的典籍，对于中国人来说它们的重要性就像基督徒手中的《圣经》。而在当今，四书五经是学生们使用的唯一书籍，包含了道德和国家管理方面最纯粹的概念，也因此成为原始学说的基础。"

在《中华帝国详志》一书考察中国古代教育时，比丘林指出，第一，中国的教育过于注重道德说教而轻视智力教育，因此不利于科学的发展；第二，对于政府职务不需要的知识，中国人便认为是无用的，因此中国人对于一些在欧洲已经发展的科学丝毫未加注意。因为"在中国，智力教育的目的只有一个，那就是为国家职位培养有能力的人"。

比丘林还详细描述了清代的科举考试。州县学堂的考试程序是这样的：

第一，每一个省都有学政，管理学校和安排考试，而中小学生和大学生要"从各个县汇聚到自己所属府或州的一个重要城市"来参加考试。考试期间，府级或州级长官被赋予"监察员"的职责，监视其内部秩序；如果有情况，需要"亲自向学政报告"，但是地点只允许是办公大厅，禁止私下接触。

第二，"秀才的考试分岁考和科考两种"，"30岁左右和

70 岁左右的人"都可以报考。年考每年都进行，而乡试三年一次。

第三，考试之前，学生需要五人之间相互证明身份，地方官员再出具一份名单，考生方能携名单前赴县级学堂参加预考，然后到府州级学堂参加秀才的考取。报考秀才非常严格，考生如果被发现携带纸张或金银，或者虚报籍贯和姓名，就会被送交法庭。而高等学位的考试是"已经考取秀才的人第二年到省城参加考取举人的考试"。

此外他还介绍了清代的军事教育。在《中国民情与风尚》一书里，比丘林开篇便指出，欧洲许多国家在普通教学机构和改善各类军事学校方面都进行竞赛，在中国也一样，他们也完全没有把培养军官的任务放在普通学校里。接着又交代，八旗军是夺取中国王位的军队，他们有权得到封赏以保障其后代的俸禄，因此在八旗军里军官的职位是可以继承的。绿营军则相反，他们是地道的汉人，军官的职位属于通过军事科目考试而取得举人和进士的人。

另外比丘林还介绍了汉族人的军事科考等情况：

第一，要在绿营军中就职，就要通过军事科目的考试，"如同在州县考取秀才，在省城考取举人，在京师考取进士一样"。军事方面的大学生叫作"武秀才"，考取了"武秀才"

的再赴省城考"武举人"，考取了"武举人"的再前赴京城考
"武进士"。

第二，军事科目的考试分内场和外场。外场考试的项目
有骑射、步射、灵活度和力度。省城和京城的内场考试中还
要默写《武经》的内容。

有了以上诸多方面的考察，比丘林对清代教育的总体评
价是："中国人比欧洲教育程度最高的民族都更具优越性"，
并且，"中国的平民在教育方面要比许多欧洲国家的平民高出
几个层次，至于宗教，没有什么内容是可以肯定的"。

不过，在肯定的同时也有批评，比丘林看到了中国人由
骄傲和封闭产生的无知：

> 中国人有自己的典籍和科学，所以认为自己是
> 世界上文化程度较高的民族。关于这一点，在某些
> 情况下我们可以认同，因为中国的每一位儒生判断
> 事物都是依据过于充分的理由，都很清楚地了解在
> 国家职务的舞台上自己需要些什么。但是另一方
> 面，中国人有一种奇怪的自尊心，什么都不想去了
> 解，甚至根本就不了解自己国家以外所存在所发生
> 的一切。看见花条棉布上的肩负斧钺、后爪站立的

熊的雅罗斯拉夫徽章，他会真的相信这种织物来自
一个居民长着狗头的国家。

尽管也看到了中国教育的弊病，比丘林还是认为这部分
内容展现出的是"一个文明的、设施完美的国度"。

在《中国民情与风尚》的前言里，比丘林曾经写道："教
育以及人们对教育的冷漠混合在一起，法制完备以及一些法
规的薄弱又同时存在，中国，让欧洲政治家感到奇怪的是，
作为一个帝国竟然存在了四千多年。那些古代王国的遗迹早
就慢慢地消失殆尽，但是这个国家从远古至今都一直保持着
自己最初的语言和文字、古老的宗教和风俗，保持着自己基
础未变只在细枝末节上稍有变化的法典。无疑，在这个国家
有很多好的东西，不过也有很多我们不熟知的东西；有值得
关注的，不过也有文明的欧洲人所未注意到、未领悟的东西
被忽略过去。有些旅行家，更多的是天主教传教士，在最近
两个世纪里一直从不同的角度观察和描写中国；但是他们所
给予我们的信息有时候是片面的、不完整的。而这一点也使
欧洲学者们对自己感兴趣的事物产生了迷惑。"

从以上这段话看来，比丘林好像以全面完整的角度观察
和描写他所经历的中国社会。其实不然，从前面所介绍的内

容也可以看出，比丘林所描绘的中国形象基本上是正面的、积极的，尽管赞美的词汇很少，他的批评则是比较温和的。实际上，清代中期的中国并非"欧洲概念"中"文明的、设施完美的国度"，而是一个政治黑暗、经济衰弱的走向没落的封建社会。然而，既使比丘林承认自己所意识到的反面形象，他仍表示出充分的理解，并做出一些看似合理的解释，这大概是由于他心中深深的中国情结所致。

清代社会与国家

关于清代的社会现实，比丘林有着自己风格描写，简洁、自然、不夸张、不修饰。他的描写来自他本人近 14 年的北京生活经历，对这个国家的深层了解，以及深入中国民众生活的悉心观察，还来自他对中国典籍的解读，以及他内心深处浓浓的中国情结，所以说他描写中国的文字尽管有真实的一面，但也有限于史料而疏于现实的地方。

他批评欧洲旅行家和天主教传教士对中国的肤浅判断，批评早期来中国的天主教传教士居高临下地描写中国的自然与国民状况，但是对中国人的风俗习惯只是一带而过，而后来热衷于传教的教士在描写中国人时很自然地使用了阴暗的笔触，有些人的文字只是为了引起了读者的惊奇，将读者引入困惑。他还批评说，有些人想把基督教信仰的神圣原则凌驾于异教之上，故意从坏的方面来描写中国，有时甚至过分地渲染，导致有些欧洲作家使用了错误的资料。

比丘林说："在欧洲出版的关于中国的书里面，比较令人满意的可以说是修道院院长格鲁贤的《中华帝国志》和戴维斯的《中国》。这两本书对中国的描写比较系统，且有充分的根据。不过，这两本书都有明显的不足之处，因为关于很多方面的描述都是一带而过。"

比丘林强调自己的写作是基于可靠的中国史料，因为中国官方对于历史史实的记载明确、全面、清晰，但是为证实这些信息的确切性，有的必须亲自核实，有的要经过长期观察。

基于如此严谨的科学态度，比丘林描述了他所认识的清代国家与社会。

首先是关于清代国家机关的运行，比丘林主要描述了大臣的任命和调任：

　　　吏律明确规定，提拔官吏要根据呈文，从一个职位到另一个更显要的职位。不过有违常情的是，皇帝无需呈文就有权根据自己的考虑任命上至大臣下至各部尚书等官员。在这个帝国，大臣的地位高于一切官吏，因为他们被看作是一等人，不过他们的权力都集中在他们的职位里。他们像英国的勋爵和法国的贵族，被看作是皇帝的助手，他们的尊号"宰相"就是这样的意思。大臣们的主要义务就是事先在法律的基础上讨论皇帝将要确定或批准的事情；因此可以准确地说，皇帝根据呈文做出的大部分裁决都是大臣们意见的反映。

另外，"所有七品官吏和下级官吏拥有法律允许范围内的最低执法权，同时要为越权和职务疏忽而负责，尤其是要为违法而负责。……各类文武官员，从清律文本来看确实都要为自己的违法行为而负责。然而在法律实际执行过程中并不能达到理想的状态"。

关于国家财政和税收，比丘林大致描述如下：皇帝有权征税，合法且适度；国库收入的使用由法律确定，分宫廷开支、地方开支、军队开支和社会经济开支；国库在正当支出情况下的亏空是不可预料的，这样的亏空通常是经皇帝允许之后，由各省的贷款来填补。

历史上，在嘉庆中后期，中国社会已开始陷入吏治腐败、国库亏空、民生困顿，然而对于这些危及清政府命运的社会问题，在比丘林的文字里并没有得到应有的反映，他反而认为政府管理是很严格的，难怪批评家们认为他"美化中国"。

关于当时的社会状况，在比丘林看来，清代社会尽管不是歌舞升平，但也不是危机四伏。就民众的经济状况，比丘林提出两个问题：第一，中国穷人多吗？第二，民众各阶层的富裕程度差别大吗？对此两个问题，比丘林回答：

穷人很多，不过有救济他们的养老院。可是他们一般都喜欢自由和家庭生活，都努力靠自己的劳动糊口。在北京什么时候都见不到索求施舍的赤贫者；但是这样的赤贫阶层是存在的，他们在秋冬季节衣不蔽体，夜里露宿街头。这个阶层的人一般是受社会歧视的道德败坏的人。他们被允许住在北京郊区，而城内是不允许进入的，所以在外城可以看到他们，尤其是在北京城南部绕着城墙的地方。至于这些穷人和无家可归的人，北京城的五个区都有政府管理的收容所，供给他们衣服、食物和药品。在北京城里西有养老院，东有儿童收容所。为供应这些穷人冬季四个月的食物，每一个街区都设置一个地点，每天为穷人煮粥。

民众之间的富裕程度差别还是很明显的。国家官员和商人一般来说生活比较富足。士兵和手工业者通常有糊口之粮。地主的富裕很明显，但是容易受不可知情况的影响。旱灾、水涝灾害和蝗虫经常会使他们失去整整一年的口粮。

对于当时的社会经济，比丘林关注了土地所有权问题。他说：

当今的清代，大部分土地属于私有，土地可以自由买卖，也没有数量的限制，不过大地主还是很少的，即使有，他们所拥有的也是很零散的土地。在中国北方，农民可以租种地主的土地，每年交给地主固定租金或者视每年的收成情况确定租金。但是所有的土地都需要根据其好坏和收益上缴不同数量的田赋。政府为避免饥荒也会采取一定的措施，如在粮仓里储存粮食、鼓励农耕、灭蝗虫、涝灾救济、免费发放粮食、低价出售粮食、降低或免除赋税等等。

　　遗憾的是，比丘林并没有写出清代中期土地已经开始高度集中于贵族、官僚、地主、商人手中，也没有写出广大农民失去赖以生存的条件而流离失所。

　　清初，自顺治元年开始，旗人就开始了在北京周围的圈地行动，使得北京周边的无数良田都变成了"旗地"，皇帝和王公贵族都成为不折不扣的大地主。广大农民则沦为佃农和雇工。至清中期，土地兼并更为严重，皇室、王公贵族占有的庄田和八旗官兵的旗地多达80多万顷，占全国耕田十分之一左右。一般官僚、地主、富商也竞相购地兼并，结果造成脆弱的自耕农纷纷破产，贫困交加的流民大量出现。比丘林在北京也许亲眼看到过赈济灾民的粥厂，感受到了社会的贫富之差。遗憾的是他指出的仅仅是社会问题的几个小侧面，却没能分析清代中期社会问题的严重性，更没有指出这些现象背后的深层原因。反而，他认为"大地主还是很少的"。比丘林之所以有这样的认识，是他在无意中将中国农民与当时俄国农奴制下的农民相比较的结论。

　　比丘林也注意到了清代的手工业情况，在19世纪上半期，欧洲已经进入高度工业化的资本主义时期，而中国的手工业还处于较低的水平。比丘林写道，在北京，一个大的工场都没有，甚至其他的贸易城市也没有什么著名的大工场。

欧洲式的宏大规模在这里被无限多的小企业所代替；而更多的是手工劳动，尤其是丝织品都出于家庭作坊。而且，在手工业的发展水平上也同样存在严重落后于欧洲的现象：工场里没有任何自然发动机，甚至于水磨都极少。磨面粉和脱粒的工作大多由手工或牲口来完成。工场里的机械都比较轻巧、简便和廉价，因为中国人对于欧洲使用的那些比较复杂的机械没有什么概念。

另外，在叙述贸易情况时，比丘林也注意到了鸦片输入中国的严重性："最严重的走私物品是英国人每年大量运入中国的鸦片；海关查验员是最主要的走私者，他们与上自巡抚下至小吏的地方官员秘密达成一致。"

比丘林所见的清代社会状况如此，那么在他眼里，清代的法律又是如何呢？比丘林认为"中国的法制就其本身来说是非常完备的"。在《中国民情与风尚》一书的前言里，比丘林对清代法律做了一个总括性的概述："它经历了4000年经验的考验，已经形成了完全接近民治的基础，甚至于文明程度最高的国家都应该借鉴它。尽管如此，一些徇私舞弊的行为还是根深蒂固的，政府只能努力采取各种手段以减轻这些问题带来的危害。"

关于国家权力，他写道："监察机关，执法机关和审判机关的最高权力属于皇帝，中国皇帝拥有颁布法律的权力，拥有监察机关、执法机关和审判机关的最高权力，拥有赦免权。"

关于法律的基本原则，比丘林写道："法律面前人人平等，即使是达官贵人，甚至于皇帝家族的王公，破坏了法律都会和最低等的臣民一样送交法庭。"

关于人民的生命、自由和财产，比丘林说："任何人在任何条件下都不可能不经过法庭就失去生命、自由和财产；而一些持械叛乱者被俘后通常不经过法庭就被处死；不过，即使在这样的条件下，主管人还是根据皇帝本人的谕旨以及皇帝赋予他处决叛乱者生命的权力来采取行动；每一个和平居民的自由和私有财产都会受到法律的保护。"

可以看出，比丘林对清代法律机关及其职能和作用的认识在很大程度上来自他对《大清律例》的阅读与理解，而非基于对现实社会的细心观察和关怀。比丘林所认为的"法律面前人人平等"的概念只是他中国情结背后的一厢情愿，而不是当时清代社会的真实状况。清代法律的基本原则并非"法律面前人人平等"，《大清律例》既保障了作为"天子"的皇帝的无上权力，也明确规定了满洲贵族、官僚阶级的特权，这些都尽显封建法制观念的特征。比丘林还详细介绍了清代的司法制度和刑法的实施，详细介绍了五刑、十恶、各类罪刑数目、对犯罪官吏的处罚、八议及适用范围。

关于法官，比丘林写道："法官是各地的进士、举人、秀才、武生报考上来的文职官员。法官是完全独立的，他履行的职责属于法律赋予的责任；而官吏在职务上的违法行为绝对要交付法庭，然后根据其过失的程度给予相应的处罚。"

关于诉讼程序的监督，比丘林说："每一个政府机关都要监督隶属于它的司法机构，都察院监督京师各机关在法定时限内法制程序的执行情况和裁决情况，各省由监察御史负责监督。"

关于案件的判决，比丘林写道："一个法官首先按照法律程序来研究案件，就是先记录下来申诉人、被告人和证人的供词；然后分析案件的所有情况，再根据证据，依据公认的法律原则做出判决；死刑的判决要呈送皇帝。"关于上诉，比丘林写得比较理想化："任何案件的最初裁决和考察都要交给和民众直接接触的县级长官，县里有初等法庭。如果对它的裁决不满意的话可以将案件送交县级法庭所隶属的府道，那里有二级法庭。如果对府道的裁决还不满意，可以根据案件的情况送交省府衙门或省提刑按察使司。省府衙门和省提刑按察使司属于三级法庭。但是，如果申诉人在这里还是没有得到满意的裁决，那么他就可以根据案件的性质将其上诉到京师的相关部门或刑部。"

最后，对于被告人的权力，比丘林说："对于不公正的案件判决，冤屈的一方有权向高一级的司法机关呈递禀帖，高一级的司法机关则有责任尽快重审案件并予以纠正。至于刑事案件，被判刑的人可以亲自询问他在审讯和搜查中是否遭受过什么压迫。"

比丘林的叙述只可以印证他自己的结论："清代的司法制度是完善的。"但这显然不符合历史事实。

关于清代的刑法，比丘林详细解释了笞、杖、徒、刑、流、死五刑的具体内容，以及死刑的范围与判决，还介绍了可议处罚。在介绍清代刑法之前，比丘林有一段文字尤为引人注目："中国法学家说，笞刑是为了使人羞愧，因为对于轻微的犯罪应该使之羞愧。杖刑是为了遏制，因为对杖刑的恐惧可以遏制犯罪。徒刑就是奴役，因为犯罪的人从本质上说应该遭受奴隶的耻辱。流刑是判给那些根据案件情况得以减刑的死刑犯的，因为他在终生远离家乡的情况下可被免于死刑。这就是中国刑法的极为重要的基础，或者说，比刑法本身都要好！"

就此，评论家先科夫斯基在《读者文库》上发表评论说："从比丘林的著作判断，中国人是所有人类美德的典范；

我甚至看不出他是一个胆小鬼还是一个受贿者：在这个国家一切都那么美满，一切都严格按照法定的程序，法律是那么圆满的执行，君主是那么的仁慈，官吏是那么的勤勉，道德是那么的纯洁，甚至哲学都是那么的崇高，以至于读亚金夫神父的书不能不感到惊讶，不能不嫉妒中国。"

别林斯基认为，比丘林叙述的清代法制"不过是海市蜃楼"，"所有的法律条文和保障只是在书面上，而实际上不过是保障受贿者饱囊、行贿者受压"。

客观地说，比丘林不过是在最大程度上利用了中文资料之后对清代法律的表层认识，并非在深入调查、了解之后对清代法律实际实施的现实观察。这与他对清代社会经济状况的介绍有些不同，因为在北京的走街串巷使他亲眼目睹了中国下层民众的生活画面。1820年离开北京的比丘林未能经历鸦片战争，在他的心里，中国，大概永远是他所亲历的北京城。因此，1848年出版的《中国民情与风尚》里描绘的中国仍然是一个法制完备的国度。

第十一届俄国驻华东正教团里有一名叫作科万科的学生，1830—1840年间留居北京。回国后他以"德明"为笔名撰写长文《中国之行》，连载在《祖国纪事》上。科万科的文章《中国之行》真实地描写了一个政治腐朽、危机四伏、民生艰难的清代社会。别林斯基比较了比丘林和德明的描写后写道："尊敬的亚金夫神父所展示给我们更多的是一个身着礼服、彬彬有礼的官方中国，而德明告诉我们的是一个身穿长衫、袒胸露背、个人生活的中国。"

别林斯基没有意识到，相对于比丘林所处的年代，尽管时间才过去短短的十年，但德明所经历的清代社会已经处于鸦片战争的前夕，山雨欲来风满楼，清王朝大厦将倾，败像毕露。而别林斯基撰此文章更已是第一次鸦片战争之后的1848年，当然可以清楚地总结出清代社会的种种弊病。这位一生不曾到达中国的批评家以居高临下的踞傲态度断言："伪善、狡猾、撒谎、虚伪、卑躬屈膝——是中国人的本性，在那里，陈规陋俗吞噬着人们全部的精神生活，晚辈必须对长辈唯命是听，尽管有的长者可能比驴还蠢，比公羊还坏，可是在这种地方还能怎么样？中国人的一生被各种陈规陋俗束缚着，下跪和鞠躬是他的神圣义务。这个民族该是什么样的软骨头！"更为过分的是，别林斯基进而宣称："呆滞——是亚洲人的本性。如果亚洲有一天能够开化，那么必然是通过被征服的途径；这就需要征服亚洲国家的欧洲军队与当地土著居民混杂在一起，从而产生新的一代，即自己种族的混血儿。"由此可见，在当时的俄国社会里以冷漠而敌视的态度看待鸦片战争中中国惨败的观念是何等强大，所以比丘林对中国的友好与感情，尤其是平等看待亚洲与欧洲的态度显得尤为可贵。

中国人的民情与风尚

什么是"风尚"？比丘林认为"风尚"一词在这里不是指一个人的品质，而是针对整个民族而言，包括它的习惯、行为，甚至于思想。从这个意义上来说，"风尚"一词在这里指的是整个社会和局部的民族生活方式。风尚的最初形态来自于人们所居住的区域和气候，然后由社会的教育而确定其发展方向，之后再因法制而根深蒂固。比丘林在书中关注的主要的是好的和坏的民族品质之根源是什么，即主要考察中国人的优缺点，以及这些优缺点最初形成的历史根源。

比丘林首先追溯了中国古代的教育状况：

中国最早的立法者早就领悟到了一个真理，那就是良好的道德能够使人们的富裕生活稳固，教育能够使良好的道德常驻人们心中，所以还在中国人从洞穴时代向农耕时代过渡的时候就努力设立学堂，不加身份区分地对少年进行统一的培养。早在繁荣的夏商周三代，最早立法者的法典就已经逐渐走向完善。那时候在所有的都城，甚至乡村都出现了学堂。孩子们不分身份，8岁的时候都进入初级学堂学习，在那里他们首先学到的是礼貌的规则，然后学习礼仪、音乐、射箭、骑马、文艺和算术。到了15岁，有天赋的男孩，从帝位的继承者到农民的儿子，都被送到高级学堂，在那里学习道德哲学，即后来的《大学》和《中庸》里的内容。自周代衰败以来，学校也陷入无人管理的状态，从那时起风尚和习俗都变坏了。后来，随着封建分田制的变化，每一个朝代在对青少年的学校教育方面都有所改变，或多或少地适应着道士和佛教徒的迷惑；于是在人民中间就出现了更加破坏道德的迷信。最后，到了10世纪的宋代才开始重建古代道德学说，从那时起也才发生了变化。

从上面的文字可以看出，比丘林非常肯定中国古代教育对人民道德所起到的积极作用，因为有了这样的教育，"所以大部分孩子都懂得谦恭、谦让地待人接物，行为温和而举止得体，办事谦虚且通情达理"。 等到孩子长大，到了高级学堂之后，"他们就开始在长者的监督下更加确定培养的准则，此外他们要学习工农业中的劳动技能，家务管理中的节约和条理，经商中的知识和诚信"。

以上是比丘林列举的中国人的教育基础，在此教育基础上的中国人有着自己的优缺点。比丘林首先谈到的是缺点：

第一，比丘林说"通常在农村的家庭里，人们都严格恪守道德秩序"，但是，在城市和城镇中，道德有些败坏，因为远道而来的经商者在这里荒淫无度。

第二，"令人更加吃惊的是法律允许男人除了妻子之外还可以拥有外室和女仆来满足其淫欲"，而这一点，是"违反自然的"。

第三，"中国人另一个恶习是赌博"。一些商人和手工业者为了打发漫长的冬夜而聚众赌博，有的人会输掉自己的财产，也会有富家子弟输掉父辈的财富。

第四，欧洲人都责怪中国人在商业活动中总是有各种诈骗伎俩和欺骗行为，不过这种责备不是完全有根据的。在中国，贸易分国内贸易和对外贸易。国内贸易这部分的商品一般是根据既定的价格在商店和店铺出售，国外贸易的商品则容易出现谎价现象。

第五，中国人"一个最严重的恶习是贪财"。对于这一条，比丘林说，应该区分其形式，因为不能把纯洁的利益要求和卑鄙的物质狂热混同在一起。如果非要说贪财，那么也应该更多地针对官吏们，而平民百姓只是他们贪财行为的工具。在中国古代史上贪财的行为很少见，它几乎是和君主统治同时产生的。

第六，中国人另一个缺点是傲慢。在《中国及其居民、风俗、习惯和教育》中，比丘林写道：中国人对外国人很客气、亲切、柔顺，有时候还非常友好；但是只有非常了解中国的人才能发现，在"谦恭"这一精巧的覆盖物背后流露出来的到处都是傲慢。在中国，人们相互之间的交往都以法定的形式表现出来，即一个人在别人面前要表现自己的优越，所以中国人在外国人面前通常要竭力维持自己的优先地位。其民族自豪感是在别人面前更加优越的内在意识；不过中国人就其强盛和教育程度来说，在亚洲民族里确实是第一位的。

罗列了中国人的缺点之后，比丘林也总结了在他看来属于中国人的优点：

> 从另一方面来看中国人，就会发现他们身上很多好的品质。中国人通常都尊重父母和长者；无条件地服从政府的法令和指示；冷静、有节制、节

俭、爱劳动、积极；在家庭生活中温和且品行端
正，待人谦恭而随和，判断有根据，行为理智，
做事不急躁，有始有终；在商业活动中机灵且善
于精打细算，与外国人交往中不在乎对方的信仰。
可以说，在中国人身上有很多美好的东西，也有相
当多坏的东西；不过美好的要比坏的多。

在《中国及其居民、风俗、习惯和教育》里也有这样类
似的句子：

> 以不偏不倚的观点，我们可以准确无误地说，
> 中国人身上有很多美好的东西，也有相当多坏的东
> 西，但是美好的要比坏的多。这是因为法律非常有
> 效地使良好的道德非常多地保存在了中国人身上。

为什么说"美好的要比坏的东西多"？作者接着解释说：
"品行端正是孩童在学堂里就培养出来的，成长过程中在长者
们的监督下得以维持，再以法律的效力来进一步巩固。"

其实，比丘林在友好地描绘中国的同时也是在真实地描
绘他所亲历的中国，而并非先科夫斯基批评所言，是"夸张

的、润色过的"。因为比丘林在很大程度上更多地是停留在对官方史料的咀嚼与消化上，从此意义上说，他是一位中国古代典籍的研究者与翻译者，然后才是观察家、研究者。之所以会出现这样的情况，大概与他所居住的环境有关。他在中国居住虽然长达 13 年半，但是从未远离北京城，没有机会去其他地区体察中国社会的真实状况，对经历了康乾盛世后清王朝走向衰落的趋势缺乏准确的把握，所以他笔下的清代社会难免有不准确的地方。但是，相较于瓦西里耶夫和卡法罗夫，比丘林一直力求摆脱欧洲中心主义和欧洲文明的优越感，力图真实地反映中国社会的全貌。

比丘林极力抨击俄国在学术方面对欧洲的模仿、对欧洲声音的跟随，促使俄国汉学走向民族化，摆脱了以往的依附局面。比丘林的呼声振聋发聩，对今天的中国发展也有很强的启示意义，谨录于下，作为本书之结语：

如果我们从彼得大帝至今都不是一贯地醉心于对欧洲的盲目模仿，那么在各个教育领域我们早就实现了独立。那些以为西欧在教育上早就远远超过我们，认为我们只能仿效他们的认识是非常错误的。这样的想法削弱了自己的智力和能力，使我们

几乎变成了别人，而不能用自己的智慧思考。这样
的想法也阻碍了我们在不同科学领域里的成功。有
理性有智力的不只是法国人和德国人，如果我们还
是盲目地重复法国人或德国人写的东西，那么，重
复他们那些早已为人所知的文字将使我们永远倒
退，而我们的智力将永远停留在模仿别人那些常常
是奇怪而且荒谬的文字上。